Paul Rohrbach

Die Berichte über die Auferstehung Jesu Christi

Paul Rohrbach

Die Berichte über die Auferstehung Jesu Christi

ISBN/EAN: 9783743656352

Hergestellt in Europa, USA, Kanada, Australien, Japan

Cover: Foto ©Lupo / pixelio.de

Weitere Bücher finden Sie auf **www.hansebooks.com**

Die Berichte

über die

Auferstehung Jesu Christi.

Von

Lic. Dr. Paul Rohrbach.

Berlin.
Verlag von Georg Reimer.
1898.

Druck von E. Buchbinder in Neu-Ruppin.

Vorwort.

Die nachfolgende Arbeit enthält eine Neubegründung, Ausgestaltung und Fortsetzung der meisten Gedanken, die ich bereits 1894 in einer kleinen Schrift vorgetragen habe (Der Schluss des Markusevangeliums, der Vier-Evangelienkanon und die kleinasiatischen Presbyter. Berlin bei Georg Nauck.). Es war daher das Natürliche, dass ich nicht Weniges der Sache, Einiges auch der Form nach, von dorther in diese neue Schrift aufgenommen habe.

Es handelt sich für mich hier in erster Linie darum, zu einem Urteil über das Wesen der Überlieferung zu kommen, nicht um die Stellung der Frage, ob und wieweit sich die eine oder die andere Gestalt der Tradition mit thatsächlich Geschehenem oder Erlebtem deckt. Ganz strikt diesen Standpunkt festzuhalten, ist mir allerdings nicht überall möglich gewesen, indes kommt Manches im Text, das in diese Richtung zu deuten scheint, auch bloss auf Rechnung des summarischen Ausdrucks.

Von Recensionen meiner früheren Schrift sind mir drei zu Gesichte gekommen: eine von Hilgenfeld in der Zeitschrift für wissenschaftliche Theologie (1894), eine von v. Soden in der Theologischen Literaturzeitung (1894) und eine von Jülicher in der Allgem. Deutschen Literaturzeitung (1894) — sämtlich in der Hauptsache durchaus ablehnender Natur. Ich habe die mir gemachten Einwürfe, soweit solche greifbar formuliert waren, nicht vermittelst spezieller Polemik, sondern durch stillschweigende Revision der angefochtenen Darstellung berücksichtigt und bitte meine Kritiker, die ganze Sache jetzt einer erneuten Prüfung zu unterziehen. Freilich bin ich nirgends in der Lage gewesen, Erhebliches zu berichtigen. Im wesentlichen acceptiert hat die Resultate meiner Arbeit Harnack in seiner Chronologie der altchristlichen Literatur (I, S. 696 ff.).

Ablehnen darf ich wohl die Zumutung, die etwa gestellt werden könnte: Es müsse jeder Hypothese über Markus und Markusschluss zunächst eine ausführliche Auseinandersetzung über das Markusproblem überhaupt vorangestellt werden, insofern es sich um die Frage handle, ob Markus oder Urmarkus, resp. mehrere unserem jetzigen zweiten Evangelium vorhergehende verwandte Rezensionen derselben Schrift anzunehmen seien, und ferner darum, welche dieser Rezensionen als Quelle der beiden synoptischen Seitenreferenten anzusehen sei?

Beyschlag (Theol. St. u. Kr. 1898, Heft 1) hat von hier aus eine Reihe von Bedenken gegen Harnack, der, wie gesagt, meine Anschauungen über den Markusschluss im wesentlichen anerkennt, geltend gemacht und sich gleichzeitig darüber beklagt, dass man ihn ignoriere. Aus diesem Grunde sei ein kurzes Wort zur Sache hier verstattet, obwohl ich, wie oben bemerkt, nicht anerkennen kann, dass hier Alles mit einer bestimmten Auffassung vom Markusevangelium und seinen Vorstufen stehe und falle.

Es ist ja sehr wohl möglich, dass wir heute einen Markus lesen, der von derjenigen Rezension des Werkes verschieden ist, die dem Verfasser von Matthäus und Lukas vorlag; es ist auch wohl möglich, dass die heutige Gestalt des Buches relativ jung ist und dass die Aufzeichnungen des Markus, die er als Hermeneut des Petrus gemacht hat, einen noch früheren Typus dieser Überlieferung gebildet haben, als diejenige Bearbeitung des Stoffes, die den beiden anderen Synoptikern als Quelle vorlag. Damit ist aber nichts weniger gesagt, als dass, wie Beyschlag will, der Presbyter des Papias mit seinem bekannten οὐ μέντοι τάξει an jene unzusammenhängenden ersten Aufzeichnungen des Markus gedacht habe und dass sein Ausdruck auf unser Markusevangelium nicht passe. Der Presbyter misst die Markusdarstellung natürlich an demjenigen Schema des Lebens Jesu, das ihm geläufig ist — das aber ist das johanneisch-kleinasiatische und dem gegenüber ist sein Urteil über das Markusevangelium, es sei οὐ τάξει verfasst, nur natürlich. Damit sind alle von dieser Seite her erhobenen Einwendungen hinfällig. Vergleicht man die τάξις, die sachliche Anordnung des verwandten Erzählungsstoffes, bei Johannes und bei unserem heutigen Markus, so ist nichts begreiflicher als das Urteil, dieser unser Markus erzähle οὐ τάξει. Der beste Beweis dafür ist Beyschlags eigene Stellung zu der durch Markus doch am besten repräsentierten synoptischen Tradition überhaupt.

Die Berichte
über die Auferstehung Jesu Christi.

„Ich habe euch vor allen Dingen überliefert was ich auch empfangen habe: dass Christus für unsere Sünden nach der Schrift gestorben ist, und dass er begraben wurde, und dass er am dritten Tage nach der Schrift auferweckt ward, und dass er erschien dem Kephas, darnach den Zwölf." So lesen wir 1 Kor. 15. —

„Gestorben und begraben:
Auferweckt und erschienen!"

Was zwischen diesen beiden Worten liegt, ist Gottes Geheimnis und unser Glaube. Auf das Ereignis selbst prinzipiell die Massstäbe und Instanzen geschichtlichen Urteilens anwenden zu wollen, wäre eitle Mühe — das wissen wir heute oder könnten es wenigstens wissen; aber wenn auch, was sich ereignet hat, selbst aller „exakten" Wissenschaft spottet, so gilt das doch nicht von den Berichten über das, was geschaut und erlebt worden ist. Eine Kritik dieser Berichte ist der Gegenstand der vorliegenden Arbeit.

Als Paulus den ersten Korintherbrief schrieb, waren seit dem Tode Jesu annähernd 25 Jahre vergangen. Bereits wenige Jahre nach jener Katastrophe unter Pontius Pilatus ist aber der Apostel, wie wir wissen, als bekehrter Christ in Jerusalem gewesen und hat dort 15 Tage mit Petrus und Jakobus, dem Bruder des Herrn, zusammen verweilt (Gal. 1, 19). Wenn er also 1 Kor. 15, 3 schreibt: $\pi\alpha\varrho\acute{\epsilon}\delta\omega\kappa\alpha\ \acute{v}\mu\tilde{\iota}\nu\ \ddot{o}\ \kappa\alpha\grave{\iota}\ \pi\alpha\varrho\acute{\epsilon}\lambda\alpha\beta o\nu,$

so ist es selbstverständlich, dass der Inhalt dieses παρέλαβον sich in diesem Falle damit deckt, was damals, kurze Zeit nach dem Ereignis selbst, im Kreise der Nächstbeteiligten als Kerygma von der Auferstehung Jesu in Geltung stand. Wir können ohne weiteres annehmen, dass die kurzen Formeln in 1 Kor. 15: ὅτι ἐγήγερται τῇ ἡμέρᾳ τῇ τρίτῃ κατὰ τὰς γραφάς, καὶ ὅτι ὤφθη Κηφᾷ, ἔπειτα τοῖς δώδεκα — der Niederschlag, die straffste und markanteste Zusammenfassung dessen sind, was im engsten Kreise der Hinterbliebenen Jesu als die Summe und Hauptsache bei der Verkündigung seiner Auferstehung angesehen wurde.

Liest man 1 Kor. 15, so kann es kaum einem Zweifel unterliegen, dass hinter dem fünften Verse ein Einschnitt dem Sinne nach besteht; was zunächst weiter folgt, ist nicht mehr eigentlich Kerygma, sondern steht ausserhalb der dem Paulus überlieferten und von ihm weitergegebenen festen Formel ὅτι ἀπέθανεν, ὅτι ἐτάφη, ὅτι ἐγήγερται, ὅτι ὤφθη. Es sollen ferner offenbar mit dem ὤφθη Κηφᾷ, ἔπειτα τοῖς δώδεκα die für den Glauben an die Auferweckung Jesu schlechthin entscheidenden Thatsachen hingestellt werden: Petrus und die Zwölf haben den Auferstandenen gesehen und es bezeugt — auf diesem Fundament ruhen das Bekenntnis und der Glaube der Gemeinde. Paulus zählt nun in den folgenden Versen (6—8) des Kapitels noch vier Erscheinungen Jesu her: vor mehr als 500 Brüdern, vor Jakobus, vor „allen Aposteln", endlich und zuletzt auch vor ihm, Paulus, selber. Man wird nicht behaupten können, Paulus habe bei seiner Aufzählung von einer Vollständigkeit des Verzeichnisses überhaupt abgesehen. Er hat es mit Leuten in Korinth zu thun, die zwar nicht direkt die Auferstehung Christi selbst anzweifeln, wohl aber die Möglichkeit einer Auferstehung an sich. Diesen Zweiflern begegnet er mit der Frage: Wenn doch die Auferstehung Christi gepredigt wird — wie sagen denn Einige bei euch, dass es keine Auferstehung giebt? Giebt es keine Auferstehung von den Toten, dann ist ja auch Christus garnicht auferweckt worden; ist aber Christus nicht auferweckt, dann sind unser Kerygma und euer Glaube sinnlos und wir sind falsche Zeugen Gottes! — Vor diese Argumentation stellt er die eindringliche Erinnerung eben an dieses Kerygma ὅτι ἐγήγερται καὶ ὅτι ὤφθη, und alsdann fügt er dem darin enthaltenen Doppelzeugnis des Petrus und der Zwölf noch eine Reihe von ausserdem ihm bekannt gewordenen Bezeugungen der Auferweckung hinzu. Der ganze Nachdruck des Verfahrens liegt auf dem Bemühen, die grundlegende Thatsache, auf der das Folgende aufgebaut werden soll, nach Möglichkeit sicherzustellen. Daraus ergiebt sich, dass Paulus an dieser Stelle alles für seinen Zweck Brauchbare angeführt und ausgenutzt hat. Man wird auch noch weiter sagen dürfen, dass wir es nach Lage der Dinge nur mit Zeugnissen zu thun haben können, die Paulus für solche ersten Ranges hielt. Nicht folgern darf man aus 1 Kor. 15, dass Paulus keine anderen Traditionen über Erscheinungen des Auferweckten gekannt hat — wohl aber ergiebt sich aus der Stelle mit wünschenswerter Bestimmtheit, dass, wenn es solche Traditionen gab, Paulus ihnen keinen erheblichen Wert beigelegt hat.

Als der erste Korintherbrief geschrieben wurde, sah sein Verfasser auf die ihm gewordene Erscheinung des auferweckten Jesus als auf die letzte zurück, die sich seines Wissens ereignet hatte. Aus der ganzen Reihe muss aber das, was speziell dem Petrus und den Zwölf widerfahren war, für das Bewusstsein der Urgemeinde sich auf irgend eine Weise noch besonders von den übrigen Zeugnissen für die Auferweckung abgehoben haben — sonst wäre die Aufnahme gerade jener beiden Glieder der Kette in das Kerygma schwer erklärlich.

Soweit spräche der Befund für sich selbst. Eine Schwierigkeit erhebt sich aber bei der Frage: Woher stammt das τῇ τρίτῃ ἡμέρᾳ κατὰ τὰς γραφάς bei dem ὅτι ἐγήγερται in v. 4? Von der Meinung, das Auferwecktwerden am dritten Tage habe als Postulat einer angeblichen messianischen Theologie gewirkt, und es spiegle sich in dieser Zeitbestimmung nur das ohne Rücksicht auf die Thatsachen angewandte Verständnis

„messianischer" Stellen des Alten Testaments, wird abgesehen werden müssen. So wahrscheinlich es ist, dass an anderen Stellen in der That messianische Dogmatik bei der Einfügung gewisser Vorkommnisse in das Leben Jesu wirksam war, so leicht lässt sich zeigen, dass der dritte Tag bei dem Glauben an die Auferstehung Jesu nicht einer Theorie zu Liebe, sondern aus Anlass wirklicher Erlebnisse in das Kerygma gekommen und erst nachträglich aus der Schrift eine Bestätigung dafür beschafft sein muss. Es genügt, darauf hinzuweisen, dass man sichtlich Not hatte, die Stellen, aus denen der „dritte Tag" angeblich herstammen soll, einigermassen mit den Erlebnissen, wie sie von der Tradition wiedergegeben wurden, zu reimen. In der dreimal wiederholten Todesweissagung lässt die ältere Quelle jedesmal Jesus seine Auferstehung „nach drei Tagen" vorherverkünden (Mark. 8, 31; 9, 31; 10, 34). Es wird an einer anderen Stelle davon zu handeln sein, welche Bedeutung der Bericht über dieses Wort Jesu noch hat; hier kommt es darauf an, dass Jesus nach den Evangelien keineswegs nach dreien Tagen, sondern nach wenig mehr als einem Tage aus dem Grabe erweckt worden ist. Mag also der Ausdruck „nach drei Tagen" dem Munde Jesu selbst oder einer späteren Reflexion auf andere Instanzen entstammen — in jedem Falle wird man anzuerkennen haben, dass die Auferweckung „am dritten Tage" von hier aus nicht abgeleitet werden kann. Der sicherste Beweis dafür, dass dieser letztere Ansatz eine selbständige Grösse ist, liegt darin, dass die synoptischen Parallelberichte bei Matthäus und Lukas (Matth. 16, 21; 17, 23; 20, 19; Luk. 9, 22; 18, 33) den alten, bei Markus erhaltenen Ausdruck $\mu\varepsilon\tau\grave{\alpha}\ \tau\rho\varepsilon\tilde{\iota}\varsigma\ \dot{\eta}\mu\acute{\varepsilon}\rho\alpha\varsigma$[1]) korrigiert haben in $\tau\tilde{\eta}\ \tau\rho\acute{\iota}\tau\eta\ \dot{\eta}\mu\acute{\varepsilon}\rho\alpha$. Dieselben Gründe sprechen gegen eine Herleitung aus dem Alten Testament (Jon. 2, 1; Hos. 6, 2) und der jüdischen Vorstellung vom dreitägigen Verweilen der Seele beim toten aber noch nicht verwesten Körper. Ist also das

---

[1]) In Matth. 27, 63 ist einfach auf dieses Jesuswort rekurriert.

κατὰ τὰς γραφάς in dem Satze des Kerygmas von der Auferweckung nur in einem recht gezwungenen Sinne mit dem τῇ τρίτῃ ἡμέρᾳ zusammenzubringen, so kann nicht wohl bezweifelt werden, dass es dem nachträglichen Bestreben entsprungen ist, den im gegebenen Falle als notwendig empfundenen Schriftbeweis zu liefern, und nicht selber erst den Anlass zu dem Satz gegeben hat, der sich gegen jenen Schriftbeweis so spröde verhält.

Es wäre ausserordentlich wertvoll, wenn wir wüssten, auf welche Tradition sich dieses Stück: ὅτι ἐγήγερται τῇ τρίτῃ ἡμέρᾳ für Paulus gegründet hat[1]). Die Frage liegt so: Entweder ist Jesus am dritten Tage nach seinem Begräbnis dem Petrus resp. dem Petrus und den Zwölfen erschienen, so dass die Bezeugung des dritten Tages mit den grundlegenden Erscheinungen überhaupt zusammenfällt, oder die Auferweckung gerade am dritten Tage beruht auf einem besonderen, von den Erscheinungen unabhängigen Zeugnis, das Paulus verschweigt. Natürlich stellt sich bei dieser Alternative sogleich die Frage nach dem „offenen Grab" ein. Man hat es als befremdlich bezeichnet, dass Paulus diese Thatsache: Jesu Grab ist am Morgen des dritten Tages offen und leer gefunden worden — nicht als ein besonders kräftiges Argument für die Gewissheit der Auferstehung benutzt haben sollte, und man hat weiter gefolgert, dass Paulus vom offenen Grabe schwerlich etwas gewusst haben wird. Dem lässt sich entgegenhalten, dass für eine Auferstehung von den Toten Erscheinungen des zweifelsohne Gestorbenen und Begrabenen (ὅτι ἀπέθανεν καὶ ὅτι ἐτάφη) vor glaubwürdigen Männern doch eine viel gewichtigere Bezeugung sind, als ein angeblich leer gefundenes Grab. Wollte aber Paulus auf jene Unterstützung für den Glauben an die Wahrhaftigkeit seiner Verkündigung trotz der bloss subsidiären Bedeutung, die sie allein haben konnte, nicht verzichten,

---

[1]) Zu meinen, dass Paulus mit dem Ausdruck die Vorstellung einer anderen Zeitdauer für die Grabesruhe Jesu verbindet, als die Evangelien, wäre abstrus.

so durfte er gleichfalls nur ein Zeugnis ersten Ranges beibringen, dem das gesunde Urteil der Adressaten, an das er ja mehrfach appelliert, notwendig Vertrauen schenken musste. Daraus also, das Paulus das offene Grab nicht erwähnt, lässt sich zunächst nur folgern, dass er dieses Argument, sehr erklärlicher Weise, entweder für sekundär und an sich nicht erheblich hielt, oder dass er es nicht mit einer Bezeugung der Art versehen konnte, dass sie auf willige Anerkennung rechnen durfte.

Was den Text des Kerygmas für sich allein genommen betrifft, so wird sich aus dem Bau des viergliedrigen Satzes in 1 Kor. 15 noch am ehesten schliessen lassen, dass die Auferweckung am dritten Tage und die Erscheinungen vor Petrus und den Zwölf nicht unmittelbar zusammengehören. Die deutliche Absonderung des vierten Gliedes vom dritten erweckt unwillkürlich die Vorstellung, dass dieses dritte Glied auch für sich auf einer besonderen Kenntnis und Erfahrung beruhte, nicht bloss auf einem Rückschluss aus dem im vierten bezeugten Erlebnis.

Das ist es also, was wir aus Paulus ersehen können. Auf die Grundfrage in der Kritik der Auferstehungsberichte: Jerusalem oder Galiläa als Ort der ersten Erscheinung? — erhalten wir hier keine Antwort; diese steckt vielmehr in dem Problem, wie der dritte Tag als Datum der Auferweckung für Paulus und das von ihm uns überlieferte Kerygma bezeugt war?

Die fernere Untersuchung wird zum Teil etwas verschlungene Pfade zu gehen haben. Die Norm des kritischen Verfahrens und der Prüfstein für die Möglichkeit resp. Wahrscheinlichkeit der gewonnenen Ergebnisse wird aber in jedem Falle von daher zu entnehmen sein, was Paulus in der Sache sagt und nicht sagt. Aus diesem Grunde ist die Erörterung über 1 Kor. 15 hier vorangestellt worden. Hauptziel der Untersuchung muss jetzt zunächst sein, festzustellen, wie der älteste Auferstehungsbericht ausgesehen hat, der sich nunmehr unabhängig von Paulus aus dem uns zu Gebote stehenden Material ermitteln lässt. Wir treten damit an die Angaben der Evangelien heran, und zwar — mit einer Ausnahme, die sich nicht vermeiden lässt, zunächst nur an die kanonischen Schriften.

Alle vier kanonischen Evangelien enthalten Worte Jesu, in denen er, direkt oder verhüllt, auf seine Auferstehung hinweist. Die johanneische Schrift muss hier noch aus dem Spiel bleiben — bei den Synoptikern handelt es sich um folgende Stellen:
1. Mark. 8, 31 (Matth. 16, 21; Luk. 9, 22).
2. Mark. 9, 9 und 10 (Matth. 17, 9).
3. Mark. 9, 31 (Matth. 17, 23).
4. Mark. 14, 28 (Matth. 26, 32).

Zunächst kann es keinem Zweifel unterliegen, dass Jesus von seiner bevorstehenden Auferstehung keinesfalls in so deutlicher und unmissverständlicher Weise gesprochen hat, wie es an den angeführten Stellen den Anschein hat. Die Beobachtung, dass der Kreis der Hinterbliebenen auf nichts weniger vorbereitet war, als auf die Auferstehung, ist die unwidersprechlichste, die man von verschiedenen Seiten aus an den Auferstehungsberichten überhaupt machen kann. Andererseits freilich wird man ohne die Annahme nicht wohl auskommen, dass die Jünger sich später in der That auf gewisse Äusserungen des Meisters besonnen haben, die ihnen im nachträglichen, richtigen Verständnis bereits eine Hindeutung auf seinen Triumph über den Tod zu enthalten schienen und wohl auch enthalten haben. So aber, wie die evangelische Überlieferung jetzt dasteht, enthält sie einen vollkommenen Widerspruch zwischen der angeblichen unzweideutigen Vorherverkündigung Jesu von seiner Auferstehung einerseits und dem nicht minder deutlichen Unvorbereitetsein seiner Hinterbliebenen durch das wirkliche Eintreten des, wie es heisst, vorher Angekündigten andererseits. In den Bemerkungen des Erzählers in Mark. 9, 10 und 32 (dass sich im Johannesevangelium Ähnliches findet, soll nur erwähnt werden) wird man eine Erinnerung daran zu erblicken haben, dass die wirklichen Worte Jesu in dieser Sache einen zur Zeit, da sie gesprochen wurden, den Jüngern noch nicht verständlichen Sinn gehabt haben müssen.

Von grösserer Wichtigkeit als alles Andere ist die Stelle Mark. 14, 26—28 = Matth. 26, 30—32. Hier wird uns ein Rückschluss auf eine Tradition ermöglicht, die älter sein muss, als die vorliegende Form sämtlicher in den Evangelien enthaltener Auferstehungsberichte. Es heisst (bei Markus und Matthäus fast wörtlich gleich), Jesus habe in der Nacht, da er gefangen genommen wurde, seinen Jüngern gesagt: ὅτι πάντες σκανδαλισθήσεσθε — sie würden alle an ihm irre werden — wozu vom Verfasser des Berichts die Stelle Sach. 13, 7 herangezogen wird, der Hirt solle geschlagen und die Herde zerstreut werden. Daran ist nicht zu zweifeln, dass Jesus es seinen Jüngern in der That damals zu erkennen gegeben hat, wie sehr er sich über sie klar war. Nun aber heisst es weiter: μετὰ τὸ ἐγερθῆναί με προάξω ὑμᾶς εἰς τὴν Γαλιλαίαν. Bei diesem Wort ist zweierlei sicher: dass es so oder ähnlich nicht gesprochen worden ist,[1]) und dass die thatsächlichen Ereignisse die Aufforderung enthalten haben, es Jesus nachträglich in den Mund zu legen. Über das Erstere ist weiter kein Wort zu verlieren; zum Zweiten lassen sich dagegen mehrere wichtige Einzelheiten deutlich machen.

Zunächst ist klar, dass nach Markus-Matthäus die Jünger wiederum nach Galiläa zurückgekehrt sind, und zwar lässt das Sacharjazitat darüber keinen Zweifel, dass der Verfasser, resp. die Quelle der uns vorliegenden Darstellung, der Überzeugung war, diese Rückkehr nach Galiläa habe einerseits mit σκανδαλίζεσθαι zusammengehangen und sei andererseits einem διασκορπισθῆναι gleichzusetzen gewesen. Weiter aber lässt sich leicht ersehen, dass dem Wort vom Vorangehen nach Galiläa die Vorstellung zu Grunde liegt, dass die Jünger am

---

[1]) In dem sog. Fajjumer Evangelienfragment fehlt es, doch ist bei dem zweifelhaften Charakter dieses Stücks nichts darauf zu bauen.

Tage der Auferstehung noch in Jerusalem weilend gedacht
sind, denn sonst hätte es keinen Sinn, Jesus davon reden zu
lassen, dass er nach seiner Auferstehung die Seinen nach
Galiläa προάγειν, d. h. ihnen vorangehen wird. Geht er
ihnen voran, so heisst das doch in diesem Falle, dass sie, nachdem er bereits auferstanden und nach Galiläa gegangen ist, ihm
dorthin erst folgen werden, dass sie also bis nach dem Zeit-
punkt, den sie später als das Datum der Auferstehung erkannten, in Jerusalem geblieben sind.

Man wird aber noch mehr sagen können. Es ist nicht
gut anders möglich, als dass nach der vorliegenden Stelle die
Jünger überhaupt erst in Galiläa erfahren haben, dass Jesus
auferweckt worden ist. Wenn man weiss, welche Bedeutung
das Erlebnis von Erscheinungen des Auferstandenen samt der
daran sich knüpfenden Gewissheit, dass Jesus nicht in den
Banden des Todes geblieben sei, für die Seinigen, den ältesten
Kreis seiner Gläubigen, hatte, dann ist schlechterdings nicht
abzusehen, welch einen Sinn ein „Vorausgehen" nach Galiläa
haben sollte, wenn nicht dortselbst die grundlegenden Erscheinungen bevorstanden? War das Entscheidende schon in
Jerusalem geschehen, so bedurfte es keines Hinweises auf eine
Rückkehr nach Galiläa — vollends nicht im Zusammenhange
mit Sach. 1, 13.

Mithin setzt Mark. 14, 26—28 eine Tradition folgender
Art über die Auferstehung voraus: 1. Die Jünger haben am
Morgen des Auferstehungstages noch in Jerusalem verweilt;
2. sie sind darauf nach Galiläa zurückgegangen, und zwar
3. σκανδαλιζόμενοι in bezug auf das Schicksal Jesu, ohne dass
ihnen Kunde von der Auferstehung geworden wäre; 4. sie sind
dann in Galiläa durch das Erscheinen des ihnen dorthin „vorau-
gegangenen" Jesus von seinem Leben überzeugt worden. Der
Ausdruck προάγειν ist übrigens ein Fingerzeig dafür, dass die
entscheidende Erscheinung Jesu bald nach erfolgter Rückkehr
der Jünger in die Heimat ihnen zu teil geworden ist. Dieses
ist die Tradition, welche durch Mark. 14 bestimmt voraus-

gesetzt zu werden scheint, und was etwa noch zur Deutlichkeit der vorgetragenen Erwägungen fehlen sollte, ergiebt ein Blick auf die entsprechende Stelle des lukanischen Berichtes. Hier (Kap. 22) fehlt das ganze Stück vom Irrewerden und Sichzerstreuen der Jünger und vom Voraufgehen Jesu nach Galiläa, das bei Markus und darnach bei Matthäus zwischen den Abendmahlsbericht und das Gespräch Jesu mit Petrus über dessen bevorstehende Verleugnung gestellt ist. Diese Auslassung ist nur die notwendige Folge der von Lukas vertretenen Meinung, dass die Jünger überhaupt in Jerusalem geblieben sind und Jesus ihnen dortselbst erschienen ist. Dementsprechend musste der Hinweis auf Galiläa hier widersinnig sein und daher fortbleiben, wiewohl infolge der begangenen Auslassung jenes Gespräch zwischen Simon Petrus und Jesus (22, 31 ff.) nun gleichsam in der Luft steht. Ein besonderer Wert muss endlich noch darauf gelegt werden, dass diese ganze aus Mark. 14, 27 und 28 zu erschliessende Tradition über die Auferstehung bei ihrer Niederschrift bereits hinreichend fest und alt gewesen ist, um sich einerseits zu dem vom Verfasser des Evangeliums sicher schon vorgefundenen angeblichen Jesuswort vom Vorangehen nach Galiläa verdichtet zu haben, während andererseits der beigebrachte Weissagungsbeweis dafür, dass es also habe geschehen müssen, Zeugnis davon ablegt, wie bestimmt der Inhalt dieser Tradition war und wie sehr man sich mit der Sache beschäftigt hatte.

Wir halten nun 1 Kor. 15 und Mark. 14 gegen einander, als diejenigen Stellen, die uns einen Einblick in die zeitlich älteste Gestaltung der Auferstehungsberichte gewähren. Mit 1 Kor. 15 sind wir in den fünfziger Jahren des ersten Jahrhunderts; mit der in Mark. 14 vorausgesetzten Überlieferung sicher einige, vielleicht auch eine erhebliche Zeit, vor dem Jahre 70; folglich haben wir zwei Zeugnisse in der Frage der ältesten Auferstehungsberichte, deren traditionsmässige Grundlage innerhalb des ersten Menschenalters nach dem Ereignis selber, von dem sie handeln, liegt.

Es verdient nun besondere Aufmerksamkeit, dass Paulus und das Markusevangelium in unserer Frage beide die Tradition des petrinischen Kreises darbieten. Man wird darüber verschiedener Meinung sein können, **wieweit und in welcher Weise** wir uns einen Zusammenhang zwischen der Verkündigung des Petrus und der Niederschrift des zweiten Evangeliums zu denken haben, **dass aber ein solcher Zusammenhang existiert**, wird man dem Kerne nach als gute alte Überlieferung anzusehen und darnach zu verfahren haben. Darüber wird es hier wohl auch keiner besonderen Auseinandersetzung bedürfen; nur auf Eines sei hingewiesen: Bei der Annahme, dass zwischen dem Markusevangelium und der petrinischen Tradition ein besonderer Zusammenhang besteht, wird man gut thun, sich in erster Linie an die Beobachtungen zu halten, die sich am Evangelium selber machen lassen. An ihnen wird deutlich, dass wir wirklich auf petrinischem Boden stehen. Sobald diese Erkenntnis an und für sich gewonnen ist, kommt das bekannte Papiaszeugnis als entscheidende Bestätigung hinzu. Innerhalb des Markusevangeliums hat wiederum gerade eine Tradition über das Verhalten der Jünger nach dem Tode und der Auferstehung Jesu besonderen Anspruch darauf, auf Petrus selbst zurückzugehen, denn um Petrus ist die Sammlung der nach dem Bericht des Evangeliums verstörten und irregewordenen Schar der Jünger erfolgt — nachdem der Glaube, dass Jesus lebe, zum Durchbruch gekommen war. Auf der anderen Seite aber hat Paulus, wie bereits betont, die Überlieferung, die er 1. Kor. 15 mitteilt, in Jerusalem erhalten, d. h. in dem Kreise, wo **Petrus** das anerkannte Haupt war. Mithin ist es nicht nur zulässig, sondern geboten, die Schlussfolgerungen aus dem Paulusbriefe betreffend den Auferstehungsbericht mit denen aus Markus zu verbinden und sie in der Voraussetzung, dass hier ein und derselbe Traditionskreis vorliegt, zu kombinieren.

1. Kor. 15 und Mark. 14 beziehen sich auf verschiedene, innerhalb der Auferstehungsgeschichte ganz auseinanderfallende Fragen: Eines auf den Termin der Auferweckung und die Sicherheit bez. die Reihenfolge der Erscheinungen Jesu darnach — das Andere auf das Verhalten der Jünger nach dem Tode des Herrn und auf den Ort resp. die Orte, wo sie in der Zeit nach der Katastrophe verweilten. Hier heisst es, Jesus sei am dritten Tage auferweckt worden und darnach erst dem Petrus, dann den Zwölf erschienen; dort wird indirekt bekundet, dass die Jünger nach der Auferstehung, doch anscheinend ohne Kenntnis von ihr, Jerusalem verlassen und in Galiläa eine Erscheinung oder Erscheinungen Jesu gehabt haben. Vom dritten Tage ist in Mark. 14 nicht die Rede, doch ist er ohne Zweifel (vgl. Mark. 9, 31) als Tag der Auferstehung vorausgesetzt.

Es war nun bei der Besprechung des paulinischen Zeugnisses die Frage offen geblieben, ob der dritte Tag im Kerygma auf das Erlebnis des Petrus (resp. auch der Zwölf) zurückgehe, oder ob er auf einer besonderen Überlieferung beruhe. Zieht man jetzt Mark. 14 als ein Zeugnis für das nach Alter und Herkunftsgebiet den Quellen des Paulus nächststehende Stück Auferstehungstradition zur Ergänzung von 1. Kor. 15 heran, so ergiebt sich, dass die Feststellung des dritten Tages von dem, was Petrus und die Zwölf erlebt haben, in der ältesten Überlieferung unabhängig gewesen sein muss. Es ist demnach anzunehmen, dass es speziell für den dritten Tag noch eine besondere Bezeugung gegeben hat, von der uns allerdings Paulus nichts mitteilt, und da er über das offene Grab gleichfalls schweigt, so ist der Schluss sehr naheliegend, dass der dritte Tag und das offene Grab zugleich bezeugt gewesen sind, aber in einer solchen Art, dass Paulus Gründe gehabt haben muss, sich nicht darauf zu berufen. Wir erinnern uns dabei der Beobachtung, dass in dem petrinisch-jerusalemischen, von Paulus reproduzierten Kerygma das Faktum der Auferstehung am dritten Tage in einem selbständigen Gliede so gesondert hervorgehoben war, als ob das Geschehensein gerade an diesem

Tage sich auch irgendwie besonders manifestiert habe. Es erweckt das nicht den Eindruck, als ob das so stark betonte „am dritten Tage" ursprünglich mit in dem ὤφϑη Κηφᾷ, ἔπειτα τοῖς δώδεκα, enthalten gewesen und erst darnach für sich herausgestellt worden sei.

So ergiebt sich also als die älteste für uns erreichbare Gestalt der Auferstehungstradition, nach dem von Paulus übernommenen Kerygma der um Petrus gesammelten Urgemeinde und nach den gleichfalls im petrinischen Kreise wurzelnden Voraussetzungen von Mark. 14, Folgendes: Die Jünger verweilten die nächsten Tage nach dem Tode Jesu in Jerusalem; sie machten sich dann, in ihrem Glauben an Jesus irre geworden, wieder nach ihrer Heimat Galiläa auf, ohne etwas von der Auferstehung am dritten Tage zu wissen; in Galiläa aber erschien ihnen, dem Petrus voran, Jesus als der Auferstandene. Nebenher entstand dann auf irgend eine Weise die Gewissheit — wohl hernach —, dass die Auferstehung Jesu auf den dritten Tag nach seinem Begräbnis gefallen sei.

Solch ein Auferstehungsbericht findet sich nun freilich nirgends in unserem Neuen Testament, wohl aber merkwürdiger Weise in einer nicht in den Kanon aufgenommenen Evangelienschrift, die (als Pseudepigraph) den Namen gerade desjenigen Apostels trägt, auf dessen Autorität jene von uns erschlossene Gestalt der Überlieferung zurückgeht: im Petrusevangelium[1]). Es wird weiter unten von dieser Schrift noch ausführlich mit Bezug auf ihren Auferstehungsbericht zu handeln sein; hier sei nur kurz darauf hingewiesen, dass wir im Petrusevangelium bekanntlich Alles bei einander haben, was 1. Kor. 15 und Mark. 14 getrennt bringen: Das Verweilen der Jünger in Jerusalem bis nach der Auferstehung, von der sie aber keine Kenntnis erhalten, ihre volle Verzweiflung, ihr Aufbruch nach Galiläa, endlich ohne Zweifel auch das Erscheinen des Auf-

---

[1]) Das betr. Stück ist abgedruckt unter anderem auch bei Harnack, Texte und Untersuchungen IX, 2.

erstandenen dortselbst — denn dass der abgebrochene Schluss des bekannten grossen Fragments nichts Anderes sein kann, als die Einleitung eines Berichts über eine Erscheinung Jesu auf galiläischem Boden, ist ohne weiteres klar. Ebenso scheint es, dass dem Petrus in der bevorstehenden Erzählung eine besondere Rolle zugedacht ist.

Man wird zugeben müssen, dass ein so frappantes Zusammentreffen nicht zufällig sein kann. Dann aber erhebt sich sofort die Frage: Wie kommt es, dass eine anscheinend späte und sicher pseudepigraphe Schrift nicht nur den Namen und die Autorität des Petrus für sich in Anspruch nimmt, sondern auch, über alles direkte Zeugnis der kanonischen Evangelien hinweg, in dem Grundproblem der Auferstehungsberichte mit der ältesten uns erreichbaren, aus Mark. 14 und 1. Kor. 15 zu erschliessenden und in der That petrinischen Tradition zusammen stimmt? Es muss demnach für die Benennung dieser Evangelienschrift nach Petrus wirklich ein gewisser Anhalt vorhanden gewesen sein; es muss wirkliche, entweder verlorene oder anderswo ganz unkenntlich gewordene, petrinische Überlieferung in dem Bericht des Petrusevangeliums stecken. Eine bloss zufällige Übereinstimmung ist um so bestimmter ausgeschlossen, als um die Zeit der Abfassung des Petrusevangeliums, d. h. doch wohl nach dem Jahre 100. eine solche Erzählung von dem Verhalten der Zwölf, wie sie uns in dem Fragment entgegentritt, ganz undenkbar ist, es sei denn, dass sie auf eine alte und sichere Quelle zurückgeht. Es ist eine Beobachtung unwidersprechlichster Art, dass die Apostel sonst immer, je mehr wir uns von der ältesten Zeit entfernen, in eine desto fleckenlosere und überschwänglichere Beleuchtung rücken — während sie hier im Petrusevangelium in ungünstigerem Lichte dastehen, als bei irgend einem der kanonischen Erzähler.

In dem Vorstehenden habe ich versucht, den Beweis zu führen, dass es in betreff der Auferstehung Jesu und seiner

Erscheinungen vor den Jüngern eine auf Petrus zurückweisende Tradition gegeben hat, des Inhalts, wie er aus Paulus, Markus und dem Petrusevangelium seinem Kerne nach hier rekonstruiert worden ist. Es lässt sich nun durch eine Reihe von Beobachtungen zeigen, dass an einer bestimmten Stelle unserer Evangelien jene petrinische Tradition einstmals voll zum Ausdruck gekommen ist, dass aber dasjenige Stück, welches sie enthielt, in sehr alter Zeit entfernt worden und durch etwas ganz Anderes ersetzt worden ist. Dieses Stück ist resp. war der ursprüngliche alte Schluss des Markusevangeliums.

Es wird nicht nötig sein, über die Vorfrage, ob die Verse 9—16, die wir heute hinter Mark. 16,8 lesen, echt sind oder nicht, in eine besondere Diskussion einzutreten. Trotz des öfters ausgesprochenen und entschieden festgehaltenen Protestes von Hilgenfeld darf man seit Tischendorfs Oktava und Zahns erschöpfender Beweisführung (Gesch. d. neutest. Kanons, II. p. 910 ff.) die Akten darüber als geschlossen ansehen. Es handelt sich demnach nur um die Alternative: Ist das Markusevangelium unvollendet publiziert und nachträglich ergänzt worden, oder ist sein ursprünglicher Schluss abgeschnitten und durch den jetzigen ersetzt worden. Ferner: Falls das Letztere stattgefunden hat — was lässt sich dann über den mutmasslichen Inhalt des abhanden gekommenen Stückes sagen?

Die an erster Stelle angenommene Möglichkeit einer Publikation als blosser Torso ist eigentlich keine rechte Möglichkeit. Mit der Mitteilung: „Sie (die Frauen) gingen hinaus und flohen vom Grabe, denn Zittern und Entsetzen hielt sie gepackt, und sie erzählten niemandem etwas — ἐφοβοῦντο γάρ" kann kein Evangelium schliessen. An das Ende einer solchen Schrift gehört notwendig — und die Beispiele, welche uns zu Gebote stehen, bestätigen das durchweg — irgend ein solennes Wort des Abschlusses. Wer den 7. und besonders den 8. Vers des 16. Kapitels schrieb, muss schlechterdings im Sinne gehabt haben, noch etwas Weiteres zu bringen, das daran anknüpfte. Vor allem die Bemerkung, die Frauen hätten nichts von ihrem

Erlebnis erzählt, hat nur einen Sinn, wenn sie geschieht, um später zu einem bestimmten Zweck verwertet zu werden. Scheinbar ist doch zunächst das Selbstverständliche, dass die Frauen der Weisung des Engels „gehet hin etc." auch wirklich nachkommen — wenn es nun heisst, sie hätten vielmehr das Gegenteil gethan und wären geflohen, so fragt doch jedermann gleich, was denn nun eigentlich weiter geworden ist, wie die Jünger etwas von der Auferstehung erfahren haben, was das Schweigen der Frauen für Folgen gehabt hat und woher dann die Kunde von dem Ereignis am offenen Grabe stammt? Das ἐφοβοῦντο γάρ in V. 8 ist also nicht nur formell, sondern auch sachlich ein ganz unerträglicher Schluss des Evangeliums.

Der sicherste Beweis dafür, dass der Verfasser unseres Markusevangeliums die Absicht hatte, noch einen Schluss mit ganz bestimmtem Inhalt zu bringen, ergiebt sich aber aus der bereits behandelten Stelle des 14. Kapitels in Verbindung mit 16, 7. Dort, in Kap. 14, erkannten wir eine Überlieferung, die sich zu der angeblichen Weissagung Jesu von seinem Vorangehen nach Galiläa, sobald er auferweckt sein werde, und zu der Aufstellung eines Schriftbeweises für das Vorherbestimmtsein des thatsächlich Eingetretenen verdichtet hatte; hier am Schlusse des Evangeliums sollte eben dasselbe in extenso seinen Ausdruck finden. Wenn es in 16, 7 heisst: „Saget es seinen Jüngern und dem Petrus ὅτι προάγει ὑμᾶς εἰς τὴν Γαλιλαίαν· ἐκεῖ αὐτὸν ὄψεσθε, καθὼς εἶπεν ὑμῖν" so bezieht sich das ausdrücklich und wörtlich auf 14, 28 zurück: „προάξω ὑμᾶς εἰς τῆς Γαλιλαίαν". Insofern nur ist 14, 28 an sich gewichtiger als 16, 7, als dort dieselbe Überlieferung wie hier als ein mit einem besonderen Weissagungsbeweis verknüpftes Jesuswort bezeugt wird. Wie bereits betont, bietet eine solche Fassung eine gewisse Garantie dafür, dass es sich nicht um Neues, erst seit Kurzem Erzähltes handelt, sondern um alten und festen Besitz. Wenn sich nun der demgegenüber referierend gehaltene Markusschluss unmittelbar vor seinem plötzlichen Abbrechen auf jene Vorausweisung zurückbezieht, so bedarf es darüber nicht vieler Worte, dass dieser Anfang eine Fortsetzung gehabt haben wird, die das enthalten hat, was sie nach 14, 28 und 16, 7 enthalten haben muss, nämlich die Rückkehr der Jünger nach Galiläa und eine Erscheinung oder Erscheinungen Jesu dortselbst vor ihnen. Damit sind wir wiederum auf das geführt, was das Petrusevangelium wirklich erzählt.

Indes es wird möglich sein, bei schärferem Zusehen noch einiges Nähere zu erkennen. Wir sahen vorhin, dass dieses Wort: μετὰ τὸ ἐγερθῆναί με προάξω ὑμᾶς εἰς τὴν Γαλιλαίαν, besagt, Jesus sei nach seiner Auferweckung vor den Jüngern her nach Galiläa gegangen, d. h. sie haben in Jerusalem noch nicht die Erfahrung gemacht, dass er aus dem Grabe hervorgegangen ist. Die letzten noch erhaltenen Worte des echten Markusschlusses weisen nun ersichtlich in dieselbe Richtung, denn wenn die Frauen vom offenen Grabe flohen, ohne jemandem etwas von ihrem Erlebnis zu erzählen, so konnte den Jüngern von der Auferstehung Jesu überhaupt keine Kunde werden. Folglich soll die Notiz über das Nichterzählen der Frauen auf den Grund hinweisen, weshalb die Jünger nichts von der Auferstehung erfahren haben und verzagt nach Galiläa zurückgekehrt sind. Daran, dass diese Rückkehr als ein Ausfluss ihres Irregewordenseins an Jesus zu deuten ist, wird man nicht wohl zweifeln können — trotz der angeblichen indirekten Weisung zur Rückkehr in die Heimat, die in dem Wort 14, 28 liegt. Das, was in 14, 28 noch einfach die selbstverständliche Voraussetzung des Jesuswortes ist, die Umkehr nach Galiläa, das scheint in der ausführlicheren Erzählung im Schlusskapitel des Evangeliums bereits als ein Vorwurf aufgefasst gewesen zu sein, der auf den Jüngern lastete und der durch den Ungehorsam der Frauen gegenüber dem Worte des Engels in etwas entkräftbar schien.

Nun gewinnen wir aber auch eine Erklärung, woher — trotzdem dass die Erlebnisse des Petrus und der Zwölf in Galiläa nur jenseits des dritten Tages denkbar sind — die Bezeugung des dritten Tages als Datum der Auferstehung stammt, und ferner eine Erklärung dafür, weshalb Paulus davon absieht, ein Zeugnis für den dritten Tag und die Thatsache des offenen Grabes für seine Argumentation mit heranzuziehen: Es scheint nach der alten petrinischen Überlieferung für das offene Grab und für den dritten Tag kein anderes Zeugnis existiert zu haben, als die — nachträgliche — Aussage jener Weiber, die in der Morgenfrühe am Sonntag zum Grabe gegangen und entsetzt geflohen waren. Ohne Zweifel hat ihr Zeugnis der Urgemeinde und dem Paulus genügt; dass dieser aber Bedenken trug, sich seinen ohnehin zum Zweifel geneigten Lesern gegenüber darauf zu stützen, wird man nur begreiflich finden.

Es bleibt nun noch eine Frage zu erledigen übrig, bevor wir den Markusschluss vorläufig verlassen: Warum haben denn eigentlich die Frauen den Jüngern nichts von dem erzählt, was ihnen am Grabe widerfahren war? Offenbar deshalb nicht, weil sie garnicht in der Lage dazu waren, selbst wenn sie gewollt hätten. Mark. 16, 8 ist garnicht anders zu erklären als dadurch, dass es von der Voraussetzung ausgeht, der ganze Kreis Jesu sei gesprengt gewesen und niemand habe gewusst, wo sich der Andere aufhielt. Es ist undenkbar, dass die Frauen über ihr Erlebnis geschwiegen haben sollten, wenn sie in Jerusalem damals noch mit den Jüngern zusammengekommen wären. Das ἐφοβοῦντο γάρ an dieser Stelle kann garnicht so gefasst werden, als ob die Frauen bloss deshalb den Jüngern nichts erzählten, weil sie über ihr Erlebnis sich entsetzt hatten. Man stelle sich doch vor, dass sie, die Jesu Grab offen gefunden und aus Engelmund die Botschaft von der Auferstehung erhalten haben sollen — mag das Entsetzen über das Erlebnis, das auch immer ihnen widerfahren sei, noch so gross gewesen sein — mit den Jüngern zusammen sind und ihnen nichts erzählen! Das giebt eine unmögliche Situation. Haben sie den Jüngern nichts erzählt, so haben sie es deshalb nicht gethan, weil sie nicht die Möglichkeit dazu hatten. Konnten sie aber mit den Jüngern nicht zusammenkommen, so führt das mit Notwendigkeit darauf, dass es mit dem τὰ πρόβατα διασκορπισθήσονται in Mark. 14, 27 seine volle Richtigkeit hatte. Auf eben dasselbe führt auch Mark. 14, 50: καὶ ἀφέντες αὐτὸν ἔφυγον πάντες. Wenn sie alle geflohen sind, so haben sie sich selbstverständlich auch zerstreut — dann aber lag in der That kaum eine Möglichkeit vor, dass die Frauen bereits am Morgen des dritten Tages die Jünger irgendwo beisammen finden und ihnen ihren Auftrag ausrichten konnten. Nun ist aber in 16, 7 das ἐφοβοῦντο γάρ doch eine ganz offenkundige Begründung dafür, dass die Frauen dem Befehl des Engels nicht nachgekommen sind. Wenn also es keinen Sinn giebt, dass eine aus dem Erlebnis entspringende Furcht sie abhielt, den Jüngern etwas zu sagen, so muss sich das ἐφοβοῦντο γάρ auf etwas Anderes beziehen, als den momentanen Schreck am offenen Grabe — und das kann nur die Furcht vor den Feinden Jesu sein. Diese musste allerdings ein sehr starker Abhaltungsgrund sein, die zerstreuten und mutmasslich doch verborgenen Jünger aufzusuchen und ihnen Mitteilung vom offenen Grabe zu machen. Offenbar sind die Frauen sowenig auf die Möglichkeit einer Auferstehung vorbereitet, dass sie entsetzt und anscheinend verständnislos davonstürzen, ohne mit den Jüngern vor deren Rückkehr nach Galiläa zusammenzukommen.

Merkwürdigerweise sagt auch in dieser Frage das Petrusevangelium wieder mit ausdrücklichen Worten, was für Markus, insbesondere den verlorenen Schluss, grösstenteils nur kombiniert werden kann. Es heisst dort (v. 26 nach der Zählung Harnacks), die Jünger hätten sich nach ihrer Flucht aus Gethsemane versteckt gehalten, weil die Juden sie suchten. Das Petrusevangelium fügt noch hinzu: „als solche, die den Tempel hätten anzünden wollen". Selbstverständlich haben sie sich nicht alle an einem Ort versteckt, sondern sie müssen sich hin und her in der Stadt und der Umgegend verborgen gehalten haben.

Es steht also nunmehr so: Erstens decken sich die alte petrinische Überlieferung, repräsentiert durch Markus und Paulus, und das relativ junge pseudepigraphe Petrusevangelium bezüglich des Auferstehungsberichtes, den sie geben, so gut wie vollkommen[1]). Verzweiflung der Jünger, Zerstreuung des Kreises der Anhänger Jesu in Jerusalem, Erlebnis der Frauen am Morgen des dritten Tages am offenen Grabe, ohne dass den Zwölfen Kunde davon wird, Rückkehr der Zwölf nach Galiläa, Offenbarung des Auferstandenen dortselbst — das ist der Inhalt dieser Tradition. Zweitens sind diese Dinge aller Wahrscheinlichkeit nach im einstigen Markusschluss auch direkt so erzählt worden — aber jenes Stück ist aus irgend welchen Gründen fortgenommen worden oder abhanden gekommen. Dass letzteres durch einen Zufall geschehen sein sollte, ist von vorneherein unwahrscheinlich; es muss ein absichtlicher Eingriff vorliegen. Endlich: Wie soll man sich dieses merkwürdige Verhältnis zwischen dem Petrusevangelium und der alten petrinischen Tradition vermittelt denken? Von diesen und anderen Fragen wird später zu handeln sein, sobald von einer neuen Seite her weitere Ausgangspunkte für das Verfahren gesichert sind. Eines aber scheint mir bereits auf alle Fälle zur Wahrscheinlichkeit gebracht zu sein: Es hat eine auf Petrus zurückgehende Überlieferung über die Auferstehung und die Erscheinungen gegeben, und sie hat im Wesentlichen so ausgesehen, wie im Vorstehenden bestimmt worden ist — und wenn es 1 Kor. 15 heisst: $\H{\omega}\varphi\vartheta\eta\ K\eta\varphi\tilde{\alpha},\ \text{\'{\epsilon}}\pi\epsilon\iota\tau\alpha\ \tau o\tilde{\iota}\varsigma\ \delta\acute{\omega}\delta\epsilon\varkappa\alpha$, Mark. 16 aber: $\mu\alpha\vartheta\eta\tau\alpha\grave{\iota}\ \alpha\grave{\upsilon}\tau o\tilde{\upsilon}\ \varkappa\alpha\grave{\iota}\ \grave{o}\ \Pi\acute{\epsilon}\tau\varrho o\varsigma\ \alpha\grave{\upsilon}\tau\acute{o}\nu\ \H{o}\psi o\nu\tau\alpha\iota$, so führt das vielleicht auch noch darauf, dass der alte Markusschluss als historische Explikation zu dem ältesten Kerygma angelegt gewesen ist.

Wo ist der ursprüngliche Markusschluss geblieben? Die Antwort darauf kann nicht gut eher gegeben werden, als bis wir auch denjenigen Typus der Auferstehungsberichte näher kennen gelernt haben, der das Gegenstück zu der petrinischen

---

[1]) Natürlich gilt das nicht von der Schilderung des Auferstehungsherganges im P. E.

Überlieferung bildet, den Bericht, der die Jünger nach der Auferstehung in Jerusalem geschlossen bei einander bleiben, die Frauen ihnen ihr Erlebnis berichten und Jesus den Zwölf am Abend des dritten Tages in Jerusalem erscheinen lässt. Ihn vertreten bekanntlich Johannes, Lukas, und — wie angenommen werden darf, obwohl nicht alles ausdrücklich so dasteht — auch der falsche Markusschluss. Eine Differenz besteht nur in einem ziemlich geringfügigen Punkte: nämlich nach Johannes und Pseudomarkus hat Maria Magdalena zuerst den Auferstandenen gesehen, nach Lukas entweder Simon Petrus oder zwei unbekannte Männer aus dem weiteren Kreise der Anhänger Jesu; im übrigen bilden die drei Zeugen einen ebenso einheitlichen Typus, wie es der petrinische ist — nur von völlig verschiedenem Charakter. Zunächst freilich giebt es noch ein Stück, das in eigentümlicher Weise die Mitte zwischen den beiden entgegengesetzten Gestalten der Überlieferung hält: der **Schluss des Matthäusevangeliums**[1]).

Wie verhält sich Matthäus zunächst zu Markus?

Die erste und deutlichste Beobachtung ist die, dass der Bericht des Matthäus dem Markusevangelium bis ganz nahe an den Rand der Bruchstelle folgt, wo der echte Markusschluss einst abgetrennt worden ist. Es scheint also, als ob Markus bereits verstümmelt war, als er die Quelle des ersten Evangelisten, so wie dieser jetzt vorliegt, wurde. In 26, 32 hat dieser Mark. 14, 28 gleichfalls ohne Anstand herübergenommen. Das deutet darauf, dass der Evangelist selbst gegen die Überlieferung, Jesus sei den Jüngern erst in Galiläa erschienen, nichts hatte. In 26, 56 findet sich gleichfalls die Angabe des Markus wieder: τότε οἱ μαθηταὶ πάντες ἀφέντες αὐτὸν ἔφυγον. Lukas dagegen hat konsequenterweise an beiden Stellen das fortgelassen, was seiner Darstellung am Schluss, über die Erscheinungen, widersprochen hätte; er berichtet weder von dem

---

[1]) Was Matthäus an ganz eigentümlichem Sondergut in der Erzählung von der Grabeswache hat, muss einem späteren Abschnitt vorbehalten bleiben.

Wort über das Vorangehen nach Galiläa, noch von der Flucht und Zerstreuung der Jünger. Es ist also klar, dass er sich des Sinnes dieser Nachrichten, wie sie bei Markus und Matthäus stehen, sehr wohl bewusst war. In Matth. 28, 7 ist gleichfalls noch der enge Anschluss an Mark. 16, 7 deutlich: προάγει ὑμᾶς εἰς τὴν Γαλιλαίαν, ἐκεῖ αὐτὸν ὄψεσθε heisst es wörtlich hier wie dort, die Heimkehr der Jünger voraussetzend. Es kann auch gar kein Zweifel darüber sein, dass bei Matthäus in der Sache ganz dasselbe mit dieser Rückkehr gemeint ist, wie bei Markus, da ja die Voraussetzungen in dem Vorhergehenden: die Flucht der Jünger am Abend des Verrats und das διασκορπισθήσονται τὰ πρόβατα dieselben sind.

Um so befremdlicher ist es nun, wenn es im nächsten Verse, im direkten Widerspruch zu Markus, heisst: καὶ ἀπελθοῦσαι ταχὺ ἀπὸ τοῦ μνημείου μετὰ φόβου καὶ χαρᾶς μεγάλης ἔδραμον ἀπαγγεῖλαι τοῖς μαθηταῖς αὐτοῦ. Diese Korrektur des Markustextes beweist, dass für den, der sie gemacht hat, das Bild von der Lage des hinterbliebenen Anhängerkreises Jesu ein ganz anderes war, als für den, der Matth. 26, 32; 26, 56; 28, 7 unbedenklich aus seiner Vorlage übernommen hat. Wir sahen, dass Mark. 16, 8 von der Voraussetzung ausgeht, dass die Freunde und Jünger Jesu auseinandergetrieben waren und die Einen nicht wussten, wo sie die Anderen zu suchen hatten. Von dieser Sachlage weiss der Schreiber von Matth. 28, 8 nichts, sondern er lässt die Frauen ohne Weiteres zu den Jüngern gehen und ihre Botschaft ihnen bestellen: also sind die Jünger insgesamt bei einander; der Verkehr zwischen ihnen und den Frauen ist anscheinend unbehindert; ein Sichverstecken vor den Feinden Jesu, die auf seine Anhänger fahnden, ein Verborgensein in allerlei Schlupfwinkeln, findet nicht statt. Das ist eine völlig von der petrinischen Tradition verschiedene Anschauung.

Eine weitere Abweichung bieten die beiden folgenden Verse dar: Matth. 28, 9 und 10. Sie sind an sich recht befremdlich. Während die Weiber auf dem Wege zu den Jüngern sind, begegnet ihnen der auferstandene Jesus und giebt ihnen fast wörtlich denselben Auftrag, wie der Engel in v. 7. Es ist nicht abzusehen, was diese Erscheinung vor den Frauen soll, denn sie hat überhaupt keinen selbständigen Inhalt. Man muss sich fragen: Soll dieses willkürliche und beiläufige Auftauchen, dieses in keiner Weise etwas Eigenes und Neues besagende Wort, diese Wiederholung eines Befehls an solche, die den früheren, identischen, bereits auszuführen im Begriffe stehen — soll das die erste Offenbarung des Auferstandenen sein? Hier dieses nichts sagende Detail — und weiterhin, dort wo der auferstandene Jesus den versammelten Jüngern erscheint und ihnen seinen letzten Reichsbefehl hinterlässt, eine fast rätselhafte lakonische Kürze? Es wird in anbetracht dieser Erwägungen erlaubt sein, die Ursprünglichkeit der Verse 7, 8 und 9 in Kap. 28 des Matthäus in Zweifel zu ziehen — doch wird hierüber noch einer anderen Stelle weiter zu handeln sein.

Lag in den eben behandelten Versen ein voller Widerspruch gegen die Markus repräsentierte Tradition vor, so scheint im eigentlichen Schluss des Matthäusevangeliums, 28, 16—20, wieder eine dem petrinischen Typus verwandte Grundlage der Darstellung vorhanden zu sein — eine verwandte, nicht eine identische. V. 16 und 17 lauten: *Οἱ δὲ ἕνδεκα μαθηταὶ ἐπορεύθησαν εἰς τὴν Γαλιλαίαν, εἰς τὸ ὄρος, οὗ ἐτάξατο αὐτοῖς ὁ Ἰησοῦς, καὶ ἰδόντες αὐτὸν προσεκύνησαν, οἱ δὲ ἐδίστασαν.* Das ist allerdings so summarisch, dass man sich nicht mit besonderer Zuversicht über den Charakter dieses Stückes wird aussprechen können. Ganz evident ist nur, dass für den Schreiber des Matthäusevangeliums der ursprüngliche Markusschluss nicht mehr in betracht kam. Da er sachlich gegen den von uns als wahrscheinlich ermittelten Inhalt desselben nichts einzuwenden gehabt haben wird, wie seine Benutzung der öfters erwähnten charakteristischen Stellen in Mark. 14 und 16 zeigt, so wird anzunehmen sein, dass ihm bereits ein Exemplar des Markus ohne Schluss vorlag. Andererseits fiel für sein Bewusstsein das Erscheinen Jesu nach seiner Auferstehung vor den Jüngern nicht nach Jerusalem, sondern nach Galiläa, und da ihn die Quelle, der er folgte, jetzt im Stiche liess, so nahm er eine andere Gestaltung dieser galiläischen Tradition, die er für richtig hielt, in sein Werk auf; freilich nur in äusserster Kürze. Dass Jesus irgendwann seinen Jüngern Weisung gegeben hätte, nach seinem Tode sich auf einem Berge in Galiläa zu versammeln, davon ist sonst nirgends etwas bekannt (gnostische Litteratur kann hier nicht in betracht kommen); nur in den Acta Pilati spielt die Erscheinung Jesu dortselbst — der Berg wird $Μαμίλχ$ genannt — vor dem Kreise der Jünger noch eine Rolle (von der Stelle wird noch zu reden sein). Worauf mit dem $ο\tilde{υ}$ $ἐτάξατο$ $αὐτοῖς$ $ὁ$ $Ἰησοῦς$ angespielt wird, ist für uns ganz undurchsichtig; dass der Vers eine bereits erworbene Kenntnis der Jünger von der Auferstehung voraussetzt, ist möglich, aber nicht durchaus wahrscheinlich, da es sowohl der Haltung des Matthäus bis 28, 7 widerspräche als auch von dem gleichfalls rätselhaften $οἱ$ $δὲ$ $ἐδίστασαν$ her dem Schwierigkeiten begegneten.

Festzuhalten ist also in bezug auf den Matthäusschluss kurz Folgendes: 1. Wir haben hier eine von Markus unabhängige Tradition darüber, dass Jesus dem Kreise der Jünger nicht in Jerusalem, sondern in Galiläa erschienen ist, eine Tradition, deren Charakter uns aber im übrigen unklar bleibt; 2. in Matth. 28, 8 liegt eine Korrektur des Markus vor, die in bezug auf die Lage der Dinge im Kreise der Hinterbliebenen Jesu von Voraussetzungen ausgeht, die der petrinischen Überlieferung direkt widersprechen; 3. mit dieser Korrektur steht in unmittelbarem Zusammenhang die Angabe in den Versen 9 und 10, dass der auferstandene Jesus selber den Frauen auf ihrem Wege zu den bei einander versammelt gedachten Jüngern erschienen sei, um den ihnen vom Engel bereits erteilten und in der Ausführung begriffenen Auftrag nochmals zu wiederholen.

Wir wenden uns nun jener ganzen, breiten, von Johannes, Lukas und Pseudomarkus vertretenen Tradition zu, von der soeben am Schlusse des Matthäusevangeliums, in der Erscheinung Jesu vor den Frauen und in der Umkehrung des Verhaltens der Frauen gegenüber Markus, nur ein Stück ihres Bestandes uns entgegentrat.

Zunächst ist in ihr Jerusalem der Schauplatz der Erscheinungen. Aus Lukas und Johannes geht das direkt hervor; im unechten Markusschluss ist es nicht ausdrücklich gesagt, aber selbstverständlich. Luk. 24, 15—35 (die Jünger von Emmaus) setzen ferner voraus, dass die Jünger geschlossen beisammen sind, und zwar nicht nur $οἱ$ $ἕνδεκα$, sondern auch $οἱ$ $σὺν$ $αὐτοῖς$ (24, 33) — sehr im Gegensatz zu der petrinischen Überlieferung, aber entsprechend der in das Matthäusevangelium eingedrungenen Änderung.

Im falschen Markusschluss ist die Situation dieselbe ($ἀνακειμένοις$ $τοῖς$ $ἕνδεκα$ in 16, 14). Bei Johannes sind die Jünger ebenfalls alle versammelt, mit Ausnahme des Thomas (doch heisst es, die Thüren seien verschlossen gewesen, aus Furcht vor den Juden), als Jesus mitten unter sie tritt, mit den Worten: $εἰρήνη$ $ὑμῖν$ (Joh. 20, 19).

Endlich haben nach allen drei Berichten die Jünger am Morgen des dritten Tages durch eine resp. mehrere der Frauen sofort nach deren Besuch am Grabe die Botschaft von der Auferstehung erhalten. Auch bei der Gelegenheit zeigt sich deutlich, wie durchweg vorausgesetzt wird, der Kreis Jesu sei nach der Gefangenuehmung, der Hinrichtung und dem Begräbnis des Meisters beisammen geblieben; von einem $διασκορπισθῆναι$ ist keine Rede, und während nach der petrinischen Überlieferung es kaum anders möglich ist, als dass die Jünger überhaupt erst in Galiläa erfahren, dass Jesus auferstanden ist, wird ihnen hier in Jerusalem sogar eine mehrfache Kunde davon zu teil, bevor sie selbst die Erfahrung machen. Hier liegt also ein grosser und durch nichts zu überbrückender Widerspruch vor.

Es erhebt sich nun die Frage: Lässt sich für den zweiten Typus der Auferstehungsberichte in gleicher Weise ein so einheitlicher Ausgangspunkt der Tradition nachweisen, wie für den ersten, den petrinischen? Wir gehen bei der Untersuchung hierüber zunächst von dem falschen Markusschluss und seinem Verhältnis zu Lukas und Johannes aus.

Über Mark. 16, 9 ff. ist bisher die Meinung am verbreitetsten gewesen, dass hier im wesentlichen ein Auszug aus Lukas und Johannes vorliegt, vielleicht noch mit einigen Zuthaten apokryphen Ursprungs. Dem gegenüber wird sich ein Doppeltes zeigen lassen: 1. dass wir überhaupt kein Stück vor uns haben, das zu dem Zweck hergestellt ist, den verstümmelten Markus zu ergänzen, sondern vielmehr ein Fragment, das ursprünglich einem anderen, selbständig konzipierten Ganzen angehört hat und von dort genommen ist, um Markus einen Schluss zu geben; 2. dass dieses Stück einen zu Johannes und Lukas zwar parallelen, aber nicht direkt aus ihnen geflossenen Inhalt aufweist.

Das Erste, was auffällt, ist der Anfang: $\mathring{\alpha}\nu\alpha\sigma\iota\grave{\alpha}\varsigma\ \delta\acute{\epsilon}$ etc. Das lautet so, als ob unmittelbar vorher etwas ausgesagt wäre, worin Jesus als Subjekt des Satzes vorkommt — aber diese anscheinende Rückbeziehung schwebt in der Luft. Vorher ist nur von den Frauen und dem Engel die Rede. Daraus ist direkt zu folgern, dass in 16, 9 ff. Markus nicht frei, d. h. nicht durch ein eigens zu diesem Zweck verfasstes Stück, ergänzt ist. Wenn mit den Worten $\mathring{\alpha}\nu\alpha\sigma\grave{\alpha}\varsigma\ \delta\acute{\epsilon}$ etc. ein neues Subjekt der Erzählung eintritt, ohne dass der Leser irgendwie darauf hingewiesen würde, so liegt es auf der Hand, dass keiner sich so ausgedrückt hätte, der frei mit seinen eigenen Worten den fehlenden Schluss ersetzen wollte. Daher haben auch verschiedene Textzeugen (wie der deutsche *textus receptus*) das unbedingt notwendige „Jesus" zu Anfang von V. 9 ergänzt. Mithin haben wir in dem falschen Schluss ein Traditionsmaterial vor uns, das bereits fixiert und zu einer zusammenhängenden Darstellung verarbeitet war, als man es zur Ergänzung des Markus verwandte. Da mit $\mathring{\alpha}\nu\alpha\sigma\grave{\alpha}\varsigma\ \delta\acute{\epsilon}$ irgend ein litterarisches Stück überhaupt nicht anfangen kann, so haben wir natürlich nur ein Fragment, anscheinend das Ende, eines einst vollständigen litterarischen Produktes vor uns.

Die zweite Beobachtung, die sich alsbald machen lässt, ist die, dass unser Stück deutlich eine bestimmte Tendenz erkennen lässt: die Absicht, den anfänglichen Unglauben der Jünger gegenüber der Botschaft von der Auferstehung hervorzuheben. Man muss indes wissen, dass noch Hieronymus „in quibusdam codicibus et maxime in Graecis" eine vollständigere Gestalt des jetzigen Markusschlusses gelesen hat. Liest man V. 14 und 15, so erscheint der Übergang hier ziemlich hart; in direktem Anschluss an den strengen Tadel Jesu an die Jünger wegen ihrer σκληροκαρδία und ἀπιστία heisst es ganz unvermittelt: Gehet hin in alle Welt und prediget das Evangelium aller Kreatur! Hier hat Hieronymus folgendes gelesen: (Contra Pelagianos, Vallars. II, p. 759): (V. 14.) „Postea cum accubuissent undecim, apparuit iis Jesus et exprobravit incredulitatem et duritiam cordis eorum, quia his qui viderant eum resurgentem non crediderunt. Et illi satisfaciebant dicentes: saeculum istud iniquitatis et incredulitatis sub satana[1]) est, qui non sinit per immundos spiritus veram Dei apprehendi virtutem; idcirco iam nunc revela iustitiam tuam." Ins Griechische zurückübersetzt würde das neue Stück etwa folgendermassen lauten: ὅτι οὐκ .... ἐπίστευσαν. Κἀκεῖνοι παρῃτήσαντο λέγοντες· ὁ αἰὼν οὗτος ἀνομίας καὶ ἀπιστίας ὑπὸ σατανᾷ ἐστιν, ὃς διὰ τῶν ἀκαθάρτων πνευμάτων οὐκ ἐᾷ καταλαμβάνεσθαι τὴν ἀληθῆ τοῦ θεοῦ δύναμιν· διὰ τοῦτο νῦν ἤδη φανέρωσον τὴν δικαιοσύνην σου." Dass dieses Stück wirklich und ursprünglich in den ganzen Tenor der Verse 9—20 hineingehört, darüber kann kein Zweifel sein. Erstens ist es bemerkenswert durch die altertümliche Form des Ausdrucks — φανέρωσον τὴν δικαιοσύνην σου —, zweitens bietet es seinem Inhalte nach einen ausgezeichneten Übergang von V. 14 zu V. 15, drittens ordnet

---

[1]) So mit Zahn nach einem Codex Vaticanus statt substantia.

es sich durch die Anknüpfung mit *κἀκεῖνοι* ganz parallel zu den V.V. 10, 11, 13, 20 in den äusseren Zusammenhang ein. Am sichersten aber wird die Zugehörigkeit dadurch erwiesen, dass in dem Novum[1]) die eigentliche Pointe dieselbe ist, wie in dem Übrigen. Durchgehends ist nämlich die *ἀπιστία* gegenüber der Botschaft von der Auferstehung das Acumen der Darstellung. Es heisst V. 11: *κἀκεῖνοι ἠπίστησαν*, V. 13: *οὐδὲ ἐπίστευσαν*, V. 14: *ὠνείδισεν τὴν ἀπιστίαν, ὅτι οὐκ ἐπίστευσαν*, V. 14b: *ὁ αἰὼν ἀπιστίας;* auch das *ὁ πιστεύσας — ὁ δὲ ἀπιστήσας* in V. 16 und das *σημεῖα τοῖς πιστεύσασιν* in V. 17 weisen wohl in dieselbe Richtung.

Nach einer Seite hin kann man also über den Charakter dieses Fragments, das wir jetzt am Schluss des Markusevangeliums lesen, garnicht in Zweifel sein: Es ist eine summarische Erzählung von den Erscheinungen des Auferstandenen, mit der offen ersichtlichen Tendenz, hervorzuheben, unter welchen Schwierigkeiten und wie fern jeder Selbsttäuschung der Glaube an die Realität der Auferstehung bei den Jüngern zu stande kam. Der Gedankengang ist folgender: Jesus lässt es die Seinen zum ersten Male wissen, dass er lebt — sie glauben es nicht; er lässt sie es zum zweiten Male wissen — sie glauben es noch nicht; da kommt er zum dritten Male selbst zu ihnen und schilt ihren Unglauben. Sie aber entschuldigen ihren Unglauben damit, dass diese Welt des Teufels sei, der allerlei unreine Geister in ihr habe, zu dem Zweck, die Menschen die göttliche Wahrheit nicht ergreifen zu lassen. Das wird sich darauf beziehen, dass die Jünger, als sie durch die Frauen und die beiden Wanderer von den Erscheinungen gehört hatten, etwa an eine Äffung durch ein teuflisches Phantom gedacht haben mögen. Nun aber, da sie ihn sehen, bitten sie ihn: *φανέρωσον τὴν δικαιοσύνην σου*, d. h. offenbare deine überweltliche Herrlichkeit als der Richter dieser teuflischen Welt. Darauf erhalten sie die Antwort: Ihr selbst sollt das Gericht

---

[1]) Fortan mit 14 b bezeichnet.

über die Welt bringen; gehet hin und prediget das Evangelium aller Kreatur — wer euch glaubt und getauft wird, soll gerettet, wer aber nicht glaubt, soll verurteilt werden. Die aber glauben, sollen wunderbare Zeichen als Erweis der Wahrheit ihres Glaubens thun! Darnach fuhr der Herr gen Himmel und setzte sich zur Rechten Gottes; die Seinen aber haben gethan, wie er ihnen befohlen. Amen.

Schwerlich ist es der ursprüngliche Zweck dieser Darstellung gewesen, einfach eine Reihe von Erscheinungen des Herrn zu erzählen. Die Erscheinungen selbst werden nur kurz erwähnt, so dass man sieht, dass der Verfasser von Dingen spricht, die ihm viel ausführlicher bekannt sein müssen; vielmehr stellt er die einfachen Thatsachen und gewisse begleitende Umstände, unter denen sie sich ereignet haben, in den Dienst einer nicht historischen, sondern historisch-kerygmatischen Absicht, der Art, dass der behandelte Stoff einem knappen, kurzen Kerygma von Jesus Christus untergeordnet ist. Der Anfang des Stückes — ἀναστὰς δέ — setzt voraus, dass eben vorher auf die Thatsache der Auferstehung selbst Bezug genommen ist, und nun geht es weiter: er ist erschienen, er hat den Jüngern Vollmacht gegeben, er ist gen Himmel gefahren und thront in Herrlichkeit, die Seinen aber haben nach seinem Befehl gethan. Der Gesichtspunkt, der das Ganze beherrscht, ist die πίστις an den auferstandenen Jesus. Vermutlich sind vor dem ἀναστὰς δέ die übrigen für den Glauben an Jesus grundlegenden Thatsachen seiner Lebensgeschichte genannt gewesen.

Man wird sagen können, dass mit grosser Wahrscheinlichkeit vor dem ἀναστὰς δέ an Thatsachen aus der Geschichte Jesu mindestens seine Geburt und sein Leiden behandelt gewesen sei. Als Resultat ist festzuhalten: 1. der historische Stoff ist einem kerygmatischen Zwecke untergeordnet; 2. die Tendenz des Stückes geht auf die Erweisung der Notwendigkeit von πιστεύειν; 3. die Schwierigkeit, unter der die Jünger zum πιστεύειν gelangten, soll hervorgehoben werden; 4. wir haben ein Fragment vor uns, das den Schluss einer summarischen Darlegung der für das πιστεύειν wichtigen Thatsachen aus der Geschichte Jesu Christi enthält.

Es erheben sich nun weiter die Fragen: Wo stammt das Stück her? Wie alt ist es? In welchem Verhältnis steht sein Inhalt zu den sonst bekannten evangelischen Geschichtserzählungen? In der Beantwortung dieser Fragen wird zugleich der Nachweis des zweiten an die Spitze dieser Erörterung gestellten Satzes liegen, dass Mark. 16, 9 ff. zwar zu Johannes und Lukas eine Parallele, aber nicht aus ihnen abgeleitet ist — nachdem in dem Vorigen der Charakter dieses Schlusses als eines ursprünglich zu einem anderen selbständigen Ganzen gehörigen historisch-kerygmatischen Fragments thatsächlich dargethan worden ist.

Eine glückliche Entdeckung der letzten Jahre hat uns nun bekanntlich in die Lage versetzt, den falschen Markusschluss einem bestimmten Autor und damit einer bestimmten Zeit zuzuweisen. Conybeare[1]) hat in einer armenischen Bibelhandschrift, die nach ihm auf eine syrische Vorlage etwa vom Jahre 500 zurückgeht, im Kloster Etschmiadsin, über dem nachträglichen, falschen, Markusschluss die solenne, den Verfassernamen über den vier Evangelien gleichstehende Überschrift gefunden: „Aristons des Presbyters." Ich habe die Handschrift selber in Etschmiadsin gesehen; die roten Majuskeln der Überschrift heben den Titel genau so hervor, wie über den Evangelien „des Johannes" u. s. w. und charakterisieren das Stück unzweideutig als einem fünften Autor innerhalb der Evangelien zugehörig. Dieser Ariston des Armeniers kann niemand anderes sein, als Aristion[2]), die Autorität des Papias, der Mann, den dieser mit dem Presbyter Johannes zusammen unter denjenigen nennt, von denen er als von μαθηταὶ τοῦ κυρίου Erkundigungen für sein Werk eingezogen habe. Dass

---

[1]) Vgl. Harnack, Theol. Lit. Zeit. 1893, Nr. 23.

[2]) Zahn (Theol. Lit. Blatt 1893, Nr. 51) hat gezeigt, dass die Formen Ariston und Aristion gleichwertig sind.

nicht Ariston von Pella gemeint sein kann, geht aus dem Titel „Presbyter" hervor, durch den diese Persönlichkeit in den bekannten Kreis alter kleinasiatischer Autoritäten eingereiht wird, noch sicherer aber daraus, dass, wie sich zeigen wird, in dem falschen Markusschluss durchaus kleinasiatische Tradition vorliegt. Auch dass sich das erste sichere Zitat aus Pseudomarkus bei dem Kleinasiaten Irenäus findet (adv. haeres. III, 16. 6) sei noch erwähnt. Da nun Aristion als $κυρίου$ $μαθητής$ bezeichnet wird, so kann er selbst bei der weitesten Interpretation dieses Ausdrucks nicht nach dem Jahrzehnt von 20—30 p. Chr. geboren sein und man wird mit seinem Kerygma oder was es sonst gewesen sein mag, kaum bis ins zweite Jahrhundert herabgehen können. Dann aber haben wir ein Stück, das auch seinem Alter nach auf ein und derselben Stufe mit den Evangelien steht, und wenn Aristion in irgend welchem Sinne „Herrnschüler" gewesen ist, so steht seine Schriftstellerei an Dignität mindestens auf derselben Stufe, wie die des Lukas und Markus. So erklärt es sich auch ohne Schwierigkeit, dass etwas von ihm an ein Evangelium angehängt ist und dass Irenäus, der die Evangelien bereits als gewissermassen kanonische Grössen kennt, kein Bedenken trägt, den falschen Markusschluss zu benutzen, und so hat es auch nichts Auffallendes, wenn es — wie der Syro-Armenier zeigt — Handschriften gegeben hat, die Aristions Namen, als den einer dem Markus reichlich ebenbürtigen Autorität, unbedenklich über den ergänzenden Abschluss des Evangeliums setzten.

Mit Aristion sind wir nun in denselben Kreis und in dieselbe Gegend versetzt, woher das Johannesevangelium gekommen ist. Gleich der erste Satz unseres Fragments zeigt, dass wir uns auf dem Boden der johanneischen Tradition befinden. Dass Jesus nach seiner Auferstehung zuerst der Maria Magdalena erschienen sei, hat nur an Joh. 20, 11—18 eine Parallele. Weder ist dort aber von den sieben Dämonen der Maria noch von dem Unglauben der Jünger die Rede (wenigstens direkt nicht). Man hat die ersteren als eine Entlehnung aus

Luk. 8, 2 angesehen und das zweite aus Luk. 24, 11 ableiten wollen. Als Beweis der Abhängigkeit von Lukas soll auch V. 12 des Fragments dienen, der die sonst nur bei Lukas bezeugte Erscheinung vor den Jüngern von Emmaus enthält. Demgegenüber müsste erst der Beweis geführt werden, dass Aristion, ein Mann, der noch der ersten Generation der Gläubigen angehört haben soll, überhaupt erst später als Lukas geschrieben hat, der möglicherweise garnicht mehr in das erste Jahrhundert hineingehört. Bedeutsamer als diese Erwägung ist etwas Anderes. Die zweite Hälfte des Fragments ist ihrem Inhalte nach fast ganz original und seine vollständige, von Hieronymus mitgeteilte Gestalt bestätigt es vollends, dass wir es mit einer selbständigen Überlieferung zu thun haben. Dem entspricht es nur, dass die Herleitung von V. 12 aus Lukas an dem folgenden Verse, 13, auf eine erhebliche Schwierigkeit stösst. Nach Lukas begegnen die Apostel den Jüngern von Emmaus nach deren Erlebnis mit einem Bekenntnis: „Der Herr ist wahrhaftig auferstanden," während bei Aristion steht: οὐδὲ ἐκείνοις ἐπίστευσαν. Das ist doch ein vollkommener Widerspruch, den man nicht gut damit erklären kann, dass man etwa sagt, die ἀπιστία der Jünger liegt in dem ganzen Tenor des Stücks.

Wenn man nun das Alles erwägt: 1. Das Fragment kann nicht wohl nach dem Ende des ersten Jahrhunderts geschrieben sein; 2. der grösste Teil des Stückes giebt einen durchaus singulären Bericht, zumal in seiner vollständigen Gestalt; 3. die Berührung mit Lukas ist keine einfache Anlehnung an diesen, sondern enthält vielmehr einen starken Widerspruch gegenüber seiner Erzählung — so wird der Schluss nicht abzuweisen sein, dass wir zwar eine dem Lukas- und Johannesevangelium sehr nahe verwandte, aber nicht einfach litterarisch aus ihnen abzuleitende Tradition vor uns haben.

Wichtiger als die auf der Hand liegende nahe Verwandtschaft in bezug auf den thatsächlichen Inhalt der Tradition über die Erscheinungen bei Lukas, Johannes und Pseudomarkus, ist die Beobachtung, dass ebendieselbe Tendenz — die Betonung und Gegenüberstellung von ἀπιστία und πιστεύειν — welche bei Aristion so stark im Vordergrunde steht, sich auch bei Lukas-Johannes deutlich zeigt. Namentlich bei Lukas tritt der anfängliche Unglaube der Jünger sehr hervor[1]). Hier heisst es in 24, 11: ἐφάνησαν ἐνώπιον αὐτῶν ὡσεὶ λῆρος τὰ ῥήματα ταῦτα καὶ ἠπίστουν αὐταῖς, und in 24, 36 ff. glauben die Jünger zunächst voll Schrecken, eine Geistererscheinung zu sehen, so dass Jesus sie auffordern muss, sich durch den Augenschein und durch Berühren seines Leibes davon zu überzeugen, dass er es wirklich sei — ἔτι δὲ ἀπιστούντων αὐτῶν habe er sie dann schliesslich dadurch überzeugt, dass er vor ihren Augen ein Stück Fisch verzehrte. Auch Johannes erzählt (20, 19 ff.), Jesus habe den Jüngern seine Wunden gezeigt — was doch nur dazu geschehen sein kann, den Zweifel zu heben, den sie noch gehegt haben müssen, als sie ihn erblickten. Von Thomas wird solches Zweifeln auch ausdrücklich erzählt, und das Wort: μακάριοι οἱ μὴ ἰδόντες καὶ πιστεύσαντες steht ganz analog dem ὁ πιστεύσας σωθήσεται bei Aristion.

So gehört also der falsche Markusschluss als ein selbständiges, inhaltlich und zeitlich den beiden anderen Zeugen ebenbürtiges, Glied in die neben ihm von Johannes und Lukas vertretene, einheitliche und charakteristische Tradition hinein, die da besagt: Jesus ist am Abend des dritten Tages (anders wird auch das ὕστερον in Mark. 16, 14 nicht aufzufassen sein) in Jerusalem den Jüngern, die trotz erhaltener Nachricht von der Auferstehung noch nicht daran glaubten, erschienen; er hat sie dann von der Realität seiner Auferstehung in evidenter Weise überzeugt und ist dortselbst mit einem verheissenden und ihnen ihren ferneren Weg weisenden Wort des Abschieds von ihnen geschieden.

Als ein fremdartiges und mit einem starken inneren Widerspruch gegen diesen ganzen Zusammenhang behaftetes Stück

---

[1]) Über den scheinbaren Widerspruch dieser Behauptung mit dem kurz vorher Bemerkten siehe weiter unten.

steht nur Luk. 24, 34 da: „der Herr ist wahrhaftig auferweckt worden und dem Simon erschienen". Von diesem Vers wird weiterhin noch zu reden sein; dass er in die Lukaserzählung nicht hineingehört, zeigt die Erwägung, dass nach einem solchen überzeugten Bekenntnis von der Wirklichkeit der Auferstehung das ἀπιστεῖν und θαυμάζειν der Jünger, samt der Notwendigkeit für Jesus, sogar vor ihnen zu essen, um sie zu überzeugen, doch alles keinen Sinn mehr hat. Trotzdem kann der kurze Satz bei Lukas, wie der Zusammenhang zeigt, kein nachträglicher Einschub sein, denn irgend etwas darüber, wie die Jünger die Botschaft der beiden Wanderer aufnahmen, muss gesagt gewesen sein — eine Textänderung hier anzunehmen, liegt keinerlei Grund vor.

Giebt es nun für die Gruppe Johannes-Lukas-Pseudomarkus neben der sachlich so einheitlichen Grundlage, die alle drei Zeugen aufweisen, auch noch in ähnlicher Weise wie für jenen ersten, den petrinischen Typus der Überlieferung, einen einheitlichen Ausgangspunkt? An sich ist ein solcher ja ohne weiteres wahrscheinlich — ist aber möglich, ihn nachzuweisen?

Von den Rezensionen des zweiten Traditionstypus haben wir eine, die des Aristion, bereits zeitlich und örtlich fixieren können. Das Gleiche können wir mit der zweiten, dem johanneischen Bericht: er gehört bekanntlich ebenfalls nach Kleinasien und wird etwa gleichzeitig mit Aristions Kerygma entstanden sein; eher mag er noch etwas jünger sein als dieses. Die enge Verwandtschaft zwischen Aristion und dem vierten Evangelium entspricht nur ihrer beiderseitigen Herkunft aus dem Traditionskreise der kleinasiatischen Kirche. Diese kleinasiatische Tradition ist bekanntlich an zwei Grössen geknüpft: einen apostolischen Mann namens Johannes (mag es nun in Wirklichkeit der Apostel Johannes oder der Presbyter Johannes sein, oder mögen auch beide in Kleinasien existiert haben) und an einen unbestimmten Kreis: „die Presbyter".

In welchem Verhältnis diese beiden Potenzen zu einander gestanden haben, ist eine ebenso schwierige, wie wichtige und interessante Frage; ein Lösungsversuch kann aber an dieser Stelle nicht unternommen werden, sondern es muss genügen, dass in jedem Falle sowohl Aristions Schrift als auch das Johannesevangelium in diese angedeutete Überlieferungssphäre hineingehören. Welche Beziehungen hat aber die Schrift des Lukas hierher? Wir sehen, dass Lukas bis auf unwesentliche Züge eine mit der kleinasiatischen identische Tradition enthält, und wir erfahren andererseits aus dem Prolog des dritten Evangeliums, dass sein Verfasser sich ausdrücklich auf mannigfaltige Quellen, vor allem auf die lebendige Tradition der αὐτόπται καὶ ὑπερέται τοῦ λόγου (Luk. 1, 2) beruft; was Lukas einen αὐτόπτης resp. ὑπερέτης τοῦ λόγου nennt, auf dessen Autorität dieses oder jenes von ihm Erzählte zurückgeht, dasselbe wird wohl Papias unter κυρίου μαθητής verstehen, mit welchem Ausdruck er unter anderen den Papias und den Presbyter Johannes bezeichnet und sie als Autoritäten für das von ihm verfasste Werk λογίων κυριακῶν ἐξήγησις hinstellt. Beruhte also die kleinasiatische Tradition über Auferstehung und Erscheinungen offenbar auf der Erzählung von Leuten, die als κυρίου μαθηταί galten — wie das Beispiel Aristions beweist — so wird es das Natürlichste sein anzunehmen, dass ebendieselbe Tradition auch an Lukas gelangt und von ihm in seinem Evangelium wiedergegeben ist — beruft er sich doch selber gerade auf die genaue Erforschung (παρηκολουθηκότι ἄνωθεν πᾶσιν ἀκριβῶς) der mündlichen Tradition. Ohne also damit behaupten zu wollen, dass Lukas seine Anschauung geradezu aus Kleinasien erhalten habe, sei fortan als feste Bezeichnung für den Traditionstypus Johannes-Lukas-Pseudomarkus der Ausdruck „kleinasiatische" oder „Presbytertradition" eingeführt. Was das Verhältnis des Lukas speziell zu dieser betrifft, so wird der Hinweis darauf genügen müssen, dass zu der Zeit, da jener sein Buch schrieb, für das durchschnittliche Bewusstsein der christlichen Hauptgemeinden die petrinische

Überlieferung, auf die sich noch Paulus stützte, verschwunden gewesen sein oder ihre Autorität eingebüsst haben wird, dass also dem Lukas bei den Erkundigungen, die er seinem Werke zu Grunde legte, der kleinasiatische Typus offenbar als der massgebende begegnet ist. Damit ist natürlich auch gesagt, dass damals der ursprüngliche Markusschluss und mit ihm jegliche autoritative Bezeugung der alten jerusalemisch-petrinischen Tradition bereits gänzlich verschwunden war.

Wir sind nunmehr bei der Frage angelangt: Was für Vorgänge liegen dem Verschwinden des alten Markusschlusses und der Anfügung eines Stückes, welches eine ganz andersartige Tradition bezeugt, zu Grunde? Soviel wird ja wohl bereits klar geworden sein, dass zwischen beiden Vorgängen ein innerer Zusammenhang bestehen muss — und ebenso drängt sich die Vermutung von selbst auf, dass wir in der Geschichte, die der Markusschluss erlebt hat, ein Denkmal des Zusammenstosses der beiden einander ausschliessenden Traditionen, der petrinischen und der kleinasiatischen, zu erblicken haben.

Bekanntlich ist uns durch Eusebius ein Zeugnis dafür erhalten, dass man sich in sehr alter Zeit in Kleinasien, also dort, von wo der falsche Markusschluss herstammt, mit unserem zweiten Evangelium kritisch beschäftigt hat. Wir erfahren aber noch mehr: Diese Kritik stammt genau aus demselben Kreise, aus dem das Johannesevangelium und das Kerygma Aristions ausgegangen sind, in dem die „Presbytertradition" über die Auferstehung zu Hause ist, und wenn das Wort über die Schrift des Markus auch nicht gerade auf Aristion selber zurückgeht, so doch auf jenen Johannes Presbyter, den Papias in engster Verbindung mit ihm als einen $\mu\alpha\vartheta\eta\tau\dot{\eta}\varsigma\ \tau o\tilde{v}\ \varkappa v\varrho\acute{\iota}ov$ und als seine Autorität nennt. Papias hat nämlich in seinem Buche unter anderem folgendes geschrieben (Eus. H. E. III; 39, 15):

„$K\alpha\grave{\iota}\ \tau o\tilde{v}\tau o\ \acute{o}\ \pi\varrho\epsilon\sigma\beta\acute{v}\tau\epsilon\varrho o\varsigma\ \breve{\epsilon}\lambda\epsilon\gamma\epsilon\nu\ \cdot\ \,,,M\acute{\alpha}\varrho\varkappa o\varsigma\ \mu\grave{\epsilon}\nu\ \acute{\epsilon}\varrho\mu\eta\nu\epsilon v\tau\dot{\eta}\varsigma\ \Pi\acute{\epsilon}\tau\varrho ov\ \gamma\epsilon\nu\acute{o}\mu\epsilon\nu o\varsigma\ \acute{o}\sigma\alpha\ \acute{\epsilon}\mu\nu\eta\mu\acute{o}\nu\epsilon v\sigma\epsilon\nu\ \acute{\alpha}\varkappa\varrho\iota\beta\tilde{\omega}\varsigma$

ἔγραψεν, οὐ μέντοι τάξει, τὰ ὑπὸ τοῦ Χριστοῦ ἢ λεχθέντα ἢ πραχθέντα"" · οὔτε γὰρ ἤκουσε τοῦ κυρίου οὔτε παρηκολούθησεν αὐτῷ, ὕστερον δέ, ὡς ἔφην, Πέτρῳ, ὃς πρὸς τὰς χρείας ἐποιεῖτο τὰς διδασκαλίας, ἀλλ' οὐχ ὥσπερ σύνταξιν τῶν κυριακῶν ποιούμενος λόγων, ὥστε οὐδὲν ἥμαρτε Μάρκος, οὕτως ἔνια γράψας ὡς ἀπεμνημόνευσεν · ἑνὸς γὰρ ἐποιήσατο πρόνοιαν, τοῦ μηδὲν ὧν ἤκουσε παραλιπεῖν, ἢ ψεύσασθαί τι ἐν αὐτοῖς.

Auf die ganze Kontroverse über dies Zitat einzugehen, ist hier weder möglich, noch notwendig. Es ist so gut wie evident, dass von *Μάρκος* bis *πραχθέντα* der Presbyter spricht; der nächste Satz kann allenfalls zweifelhaft bleiben; von *ὕστερον δέ*, wahrscheinlich von *οὔτε γάρ* an, beginnt der Kommentar, den Papias zu dem Ausspruch des Presbyters giebt — nur er, nicht sein redend eingeführter Gewährsmann, kann sich mit einem *ὡς ἔφην* auf etwas Vorhergehendes in seinem eigenen Werke beziehen, wo Markus als Begleiter des Petrus bezeichnet gewesen sein muss. Also der Presbyter sagt: Markus, der ein Hermeneut des Petrus gewesen war, hat die Worte und Werke Christi, soviel er ihrer in Erinnerung hatte, sorgfältig niedergeschrieben, aber nicht in der richtigen Ordnung. Das ist kein Lob, nicht einmal eine unbedingte Gutheissung der Arbeit des Markus, sondern vielmehr eine Verbindung von Tadel und Anerkennung. Papias scheint das gefühlt zu haben, denn er bringt zu dem Wort des Presbyters sogleich eine Art Kommentar, wodurch er anscheinend ungünstigen Folgerungen aus der Meinung seiner Autorität begegnen will. Was er sagt, hat die Spitze: *οὐδὲν ἥμαρτε Μάρκος, πρόνοιαν γὰρ ἐποιήσατο* u. s. w. Das hat doch nur einen Sinn, wenn wohl behauptet wurde oder leicht behauptet werden konnte, *ὅτι ἥμαρτε Μάρκος*. Der Presbyter moniert in seiner Kritik des Markus zunächst die mangelnde *τάξις*; weiterhin soll das *ὅσα ἐμνημόνευσεν* doch wohl schwerlich etwas Anderes zum Ausdruck bringen, als dass dem Presbyter an Worten und Thaten Christi noch Verschiedenes bekannt war, was er bei Markus vermisste. Unvollständigkeit und unzutreffende Anordnung des Stoffes bemerkt er also in dem Buche des Markus, neben dem Vorzug der ἀκρίβεια in dem, was dastand. Bei dieser Kritik ist Markus natürlich an der kleinasiatischen Tradition gemessen — und wenn man an die Differenzen von dieser denkt, so wird man finden, dass der Presbyter Johannes sich noch verhältnismässig sehr milde ausgedrückt hat.

Wir sehen nunmehr also: 1. Der Inhalt des alten Markusschlusses musste vom Standpunkt der kleinasiatischen Tradition aus erheblichen Anstoss erregen; 2. man hat innerhalb jenes Traditionskreises von einer sehr autoritativen Stelle aus an Markus eine nicht durchweg günstige Kritik geübt; 3. der Ersatz für den echten Markusschluss stammt von einer Persönlichkeit, die nicht nur der kleinasiatischen Überlieferung angehört, sondern dem Kritiker des Markus anscheinend nahe steht und selber eine starke Autorität innerhalb jenes Kreises, dem der „Presbyter" angehörte, war; 4. durch den neuen Schluss ist die Differenz zwischen dem alten und der kleinasiatischen Tradition zu gunsten der letzteren erledigt. Mehr wird man kaum brauchen, um die Folgerung zu ziehen: Also ist der echte Markusschluss in Kleinasien, innerhalb des Kreises, aus dem die Schrift Aristions und das Johannesevangelium hervorgegangen sind, entfernt worden, und darnach hat man, entweder gleich oder später, dortselbst aus dem eigenen Besitz für einen Ersatz durch ein Stück gesorgt, das die für richtig gehaltene Überlieferung korrekt wiedergab.

Wann ist das geschehen? Das Erstere, die Entfernung des petrinischen Schlusses, offenbar sehr früh, noch zu Lebzeiten Aristions und des Presbyters Johannes, denn bereits der Verfasser unseres Matthäusevangeliums hat, wie oben ausgeführt, ein Exemplar des Markus ohne Schluss vor sich gehabt. Das Zweite, die Anfügung des von Aristion herrührenden Stückes, mag später geschehen sein. Die Überschrift „Aristions des Presbyters" in der Handschrift, auf die der Syro-Armenier zurückgeht, wird für sich kaum etwas beweisen, obwohl man sich eher denken kann, dass sie nach dem Tode, als bei Lebzeiten des Aristion gemacht worden ist. Etwas mehr fällt für die Annahme, dass Kassierung und Ersatz des Schlusses nicht zusammenfallen, der Umstand ins Gewicht, dass Matthäus keine Spur davon verrät, dass er hinter 16, 8 bei Markus etwas gelesen hat.

Bekanntlich existierte gegen das Ende der altkirchlichen Periode eine dreifache (mit der Rezension des Hieronymus eine vierfache) Gestalt des Markusschlusses. Ein Teil der Handschriften (die besseren nach Eusebius und Hieronymus) schloss mit ἐφοβοῦντο γάρ; ein Teil hatte den von Aristion herrührenden Schluss; noch andere Exemplare wiesen (teilweise noch hinter dem Aristionschluss) nach dem ἐφοβοῦντο γάρ, mit einer entsprechenden Modifikation von 16, 8, folgendes auf: „Πάντα δὲ τὰ παρηγγελμένα τοῖς περὶ τὸν Πέτρον συντόμως ἐξήγγειλαν · μετὰ δὲ ταῦτα καὶ αὐτὸς ὁ Ἰησοῦς (ἐφάνη καὶ) ἀπὸ ἀνατολῆς καὶ ἄχρι δύσεως ἐξαπέστειλεν δι᾽ αὐτῶν τὸ ἱερὸν καὶ ἄφθαρτον κήρυγμα τῆς αἰωνίου σωτηρίας · ἀμήν."[1]) Dieser Befund ist am ehesten so zu deuten: Als Exemplare des Markus nach Kleinasien gelangten, hat man zunächst das anstössige Stück beseitigt, ohne sich die Mühe zu geben, den v. 8 des 16. Kapitels überdies noch in geeigneter Weise zu modifizieren. Geschehen muss das noch vor der Abfassung des Matthäusevangeliums in dessen jetziger Gestalt sein, also wohl auch sicher vor der Publikation des Johannesevangeliums. Wenn dann nach einiger Zeit ebenfalls in Kleinasien die Ergänzung vorgenommen wurde, aber mittlerweile andere Exemplare ohne Schluss hinausgelangt waren und Verbreitung gewonnen hatten, so erklärt sich der Zustand, den wir im vierten Jahrhundert vorfinden, leicht: einerseits hatte man auch ausserhalb Kleinasiens eine Ergänzung auf eigene Hand vorgenommen, andererseits verbreiteten sich in der Folge Handschriften mit

---

[1]) Das nähere über diesen Schluss siehe bei Zahn, Gesch. d. neutest. Kan. 2, 2. p. 920 ff.

dem neuen, kleinasiatischen Schluss, drittens aber musste es, angesichts dieser herrschenden Unsicherheit und angesichts der Existenz von Exemplaren ganz ohne Schluss, kritischeren Schreibern resp. Herausgebern des Textes als das Geratenste erscheinen, mit dem letzten, was auf alle Fälle sicher war, d. h. mit 16, 8, zu schliessen. Sicher feststellen lässt sich, dass um die Mitte des zweiten Jahrhunderts die Ergänzung durch das Aristionfragment bereits geschehen war (Zahn, Gesch. d. neutest. Kan. 2, p. 553 f. Forsch. z. Gesch. d. Kan. I, p. 218).

Wo ist der echte Markusschluss geblieben? Haben sich nirgends direkte Spuren von ihm erhalten? Diese Fragen werden sich dahin beantworten lassen, dass wir heute noch an zwei Stellen innerhalb der Evangelienlitteratur ihn inhaltlich direkt benutzt wiederfinden: In dem Anhangskapitel (21) zu Johannes und am Ende des neuen grossen Fragmentes, das wir seit einigen Jahren vom Petrusevangelium besitzen, liegt er deutlich genug vor.

Zunächst Joh. 21. Was ist der Kern dieses Stückes? Doch nichts Anderes, als die Restitution des Petrus. Wenn man nun das sonstige Verhältnis des Johannesevangeliums zu Petrus auf der einen Seite erwägt, und auf der anderen das der Synoptiker, insbesondere des Markus, so wird man billig darüber erstaunen, dass die Wiedereinsetzung des Petrus in sein Amt dort, wo man sie unbedingt erwartet, nicht erzählt wird, wohl aber an einer Stelle, wo ihr Fehlen am allerwenigsten befremden würde — und dazu dortselbst in einem besonderen, nach dem offenkundigen Abschluss des Evangeliums noch angefügten Nachtrag. Dass dem Petrus nach seinem schweren Fall eine Restitution in seine Autoritätsstellung unter den Aposteln zu teil geworden ist, versteht sich von selbst; dass darüber eine bestimmte Überlieferung existierte, ersehen wir aus der Erzählung in Joh. 21 — also wäre es schlechthin ein Rätsel, wenn Markus, der eigentliche Repräsentant der auf

Petrus zurückgehenden Tradition, davon abgesehen hätte, die Wiedereinsetzung des Apostels zu erzählen. Dass die beiden anderen Synoptiker nichts davon aufweisen, erklärt sich natürlich, sobald die Geschichte bei Markus fehlte oder besser gesagt, nicht mehr vorhanden war; dass aber Johannes sie in einem besonderen Anhange hat und Markus sie nie gehabt haben sollte, dass wäre einfach unbegreiflich. Nun haben wir gesehen, wie gewichtige Gründe dafür sprechen, dass ein Markusschluss, der die erzählende Ausführung zu 14, 28 und 16, 7 enthält, existiert hat und verloren gegangen ist, ein Schluss, der das berichtet haben muss, was kurz vorher mit den Worten im voraus angedeutet ist: „saget es den Jüngern und dem Petrus, in Galiläa werdet ihr ihn sehen," und dessen Inhalt auch zu dem paulinischen Kerygma „$ὤφϑη\ Κηφᾷ,\ ἔπειτα\ τοῖς\ δώδεκα$" in naher Beziehung gestanden zu haben scheint — denn er war aus demselben Überlieferungskreise hervorgegangen, wie jenes. In diesem Schluss, wie immer er geartet gewesen sein möge, muss die Frage der Restitution sicher berührt worden sein; nun wird diese Sache jetzt in dem Nachtrag zu Johannes erzählt und wir haben gesehen, dass der echte Markusschluss mit grosser Wahrscheinlichkeit eben dort kassiert worden ist, wo das Johannesevangelium samt seinem Nachtrage entstand — also wird der Schlussfolgerung schwer auszuweichen sein, dass in der Erzählung über die Restitution des Petrus in Joh. 21 auf diese oder jene Art der einstige echte Markusschluss steckt.

Die vorgetragene Deduktion könnte wohl schon für sich allein genügen. Es lässt sich aber unabhängig von ihr noch zeigen, dass, was in Joh. 21 steht, ursprünglich kaum etwas Anderes gewesen sein kann, als ein Bericht über die erste Erscheinung Jesu vor den Jüngern nach seiner Auferweckung. Wie kommen denn Petrus und seine Gefährten hier eigentlich nach Galiläa und zum Fischfang auf dem See? Derjenige Traditionstypus, der Jesus den Seinen in Jerusalem erscheinen und den Kreis seiner Anhänger nach der Gefangennehmung des

Meisters dortselbst geschlossen zusammen bleiben lässt — eben die kleinasiatisch-johanneische Überlieferung — weiss es doch sonst nicht anders, als dass die Apostel auch nach der Auferstehung dort geblieben sind, dortselbst den Geist empfangen und ihre Predigt von Christo, dem Gekreuzigten und Auferstandenen, dortselbst begonnen haben. In Joh. 20, 19—23 ist die Geistesmitteilung an die Jünger, ihre Ausrüstung zu der neuen Lebensaufgabe, die sie nun zu erfüllen haben, erzählt — wie soll man sich darnach noch eine solche Situation vorstellen, wie sie im 21. Kap. gezeichnet resp. vorausgesetzt ist? Wir lesen hier: Petrus mit sechs seiner Gefährten, darunter Johannes und Jakobus, zieht am See Genezareth zum Fischfang aus; sie fischen die ganze Nacht, ohne Erfolg; am Morgen erblicken sie am Ufer eine fremde Gestalt, die mit ihnen redet und auf deren Rat hin sie noch einmal einen Zug mit dem Netze thun; als auf diesen Zug eine reiche Fülle des Segens erscheint, erkennt plötzlich einer von ihnen in der Gestalt am Ufer Jesus; dann sitzen sie nachher am Ufer beisammen und es heisst, niemand habe gewagt zu fragen, wer er sei — εἰδότες (was hier nur soviel wie „spürend", „fühlend" bedeuten kann, denn sonst hätte die Bemerkung keinen Sinn) ὅτι ὁ κύριός ἐστιν.

Wenn die sieben Jünger in Galiläa, d. h. ihrer Heimat, bei einander sind, so sind sie doch dorthin heimgekehrt; wenn sie hingehen und eine Nacht mit Fischfang auf dem See zubringen, so heisst das doch, dass sie wieder ihren alten Beruf ausüben; nun ist aber weder für das Eine noch für das Andere innerhalb der kleinasiatischen Tradition über die Ereignisse und das Verhalten der Zwölf nach der Auferstehung irgend ein Raum. Was soll insbesondere die Betonung der Thatsache, dass alle Teilnehmer an dem Vorfall in Joh. 21 Jesus, ohne ihn erst zu fragen, erkannt haben? Erst, als er am Ufer steht, erkennen sie ihn zunächst überhaupt nicht; darnach, als er mit ihnen zusammen sitzt, wird es als etwas Besonderes hervorgehoben, dass sie merkten, wer er sei — das ist doch nur unter der Voraussetzung begreiflich, dass ein Erkennen keineswegs selbstverständlich war, dass Jesus also nicht so ausgesehen haben kann, wie zu seinen Lebzeiten. Hier schimmert also eine ganz andere Grundlage durch, als die realistische Erscheinung mit Nägelmalen und Seitenwunde in Joh. 20 und bei Lukas 24, 36 ff. — doch wird von diesen Dingen an einer anderen Stelle mehr zu reden sein.

Wir sehen also: Der Erzählung in Joh. 21 liegt die Anschauung zu Grunde, dass die Jünger wieder in ihre Heimat zurückgekehrt sind und ihrem Gewerbe nachgehen wie früher. Die Art, wie von Jesu Erscheinung und dem Verhalten der Jünger dabei erzählt wird, deutet nicht darauf, dass die Jünger ein solches oder ähnliche Erlebnisse bereits mehrfach gehabt haben. Der Hauptinhalt und der Höhepunkt der Erzählung sind in der Restitution des Petrus gegeben. Alles das muss aber auch der alte Markusschluss enthalten haben! Wir haben gesehen, wie für ihn die Rückkehr der Jünger nach Galiläa und ihre Unwissenheit in betreff der Auferstehung notwendig vorauszusetzen sind, und wie er, ohne dass die Restitution des Petrus in ihm behandelt wird, überhaupt kaum denkbar ist. Also: der verlorene Markusschluss muss — ganz oder teilweise — in Joh. 21 stecken.

Wir wenden uns nun dem zweiten Stück zu, das in einem — wie auch immer gearteten — Zusammenhang mit dem verlorenen Markusschluss stehen muss: dem Ausgang des bereits öfters erwähnten grossen Fragments vom Petrusevangelium, auf dessen Inhalt bisher nur im allgemeinen Bezug genommen ist, insofern er sich mit der alten, aus 1. Kor. 15 und Mark. 14 und 16 erschlossenen, petrinischen Auferstehungstradition deckte. Es handelt sich jetzt um die bisher verschobene Beantwortung der Frage: Wie ist diese Übereinstimmung des näheren zu erklären?

Zunächst möge, von 16, 4 des Markus = V. 55 des Fragments[1]) an, der Text der beiden parallelen Stücke hergesetzt werden:

55. Καὶ ἀπελθοῦσαι εὗρον τὸν τάφον ἠνεῳγμένον καὶ προσελθοῦσαι παρέκυψαν ἐκεῖ καὶ ὁρῶσιν ἐκεῖ τινα νεανίσκον καθεζόμενον ἐν μέσῳ τοῦ τάφου ὡραῖον καὶ περιβεβλημένον στολὴν λαμπροτάτην, ὅστις ἔφη αὐταῖς· 56. τί ἤλθατε; τίνα ζητεῖτε; μὴ τὸν σταυρωθέντα ἐκεῖνον; ἀνέστη καὶ ἀπῆλθεν· εἰ δὲ μὴ πιστεύετε, παρακύψατε καὶ ἴδατε τὸν τόπον ἔνθα ἔκειτο, ὅτι οὐκ ἔστιν, ἀνέστη γὰρ καὶ ἀπῆλθεν ἐκεῖ ὅθεν ἀπεστάλη. 57. τότε αἱ γυναῖκες φοβηθεῖσαι ἔφυγον.

4. Καὶ ἀναβλέψασαι θεωροῦσιν ὅτι ἀνακεκύλισται ὁ λίθος. ἦν γὰρ μέγας σφόδρα. 5. Καὶ εἰσελθοῦσαι εἰς τὸ μνημεῖον εἶδον νεανίσκον καθήμενον ἐν τοῖς δεξιοῖς περιβεβλημένον στολὴν λευκήν, καὶ ἐξεθαμβήθησαν. 6. ὁ δὲ λέγει αὐταῖς· μὴ ἐκθαμβεῖσθε. Ἰησοῦν ζητεῖτε τὸν Ναζαρηνὸν τὸν ἐσταυρωμένον· ἠγέρθη, οὐκ ἔστιν ὧδε· ἴδε ὁ τόπος ὅπου ἔθηκαν αὐτόν. 7. ἀλλὰ ὑπάγετε εἴπατε τοῖς μαθηταῖς αὐτοῦ καὶ τῷ Πέτρῳ ὅτι προάγει ὑμᾶς εἰς τὴν Γαλιλαίαν· ἐκεῖ αὐτὸν ὄψεσθε, καθὼς εἶπεν ὑμῖν. 8. καὶ ἐξελθοῦσαι ἔφυγον ἀπὸ τοῦ μνημείου· εἶχεν γὰρ αὐτὰς τρόμος καὶ ἔκστασις, καὶ οὐδενὶ οὐδὲν εἶπον· ἐφοβοῦντο γάρ.

Niemand wird leugnen können, dass zwischen diesen beiden Stücken eine starke Verwandtschaft besteht. Das wird noch deutlicher, wenn man einen Blick auf die entsprechenden Stellen bei Lukas und Matthäus wirft. An Matthäus findet sich ein besonderer Anklang in V. 56b des Fragments, an Lukas überhaupt keiner, dagegen sind zwei Drittel des Textes einfach eine ziemlich schlechte Paraphrase dessen, was bei Markus zu lesen steht, öfters mit genau denselben Ausdrücken, wie dieser

---

[1]) Nach der Zählung Harnacks im IX. Bande der „Texte und Untersuchungen."

sie giebt. Dagegen fällt auf, dass V. 7 des Markus vollständig verändert ist: statt der Weisung nach Galiläa, wohin Jesus den Seinen vorangeht, heisst es: „Er ist fortgegangen, dorthin, von wo er gesandt war," was einigermassen an das johanneische „Ich fahre auf zu meinem Vater und zu eurem Vater etc." erinnert. Zu dieser Änderung müssen den Schreiber bestimmte Gründe bewogen haben; welche, das kann hier nicht untersucht werden. Das Petrusevangelium ist uns nach seinen dogmatischen Anschauungen noch keine ganz klare Grösse; es ist leicht möglich, dass Gedanken, die auf dieses Gebiet hinüberspielen, hier wirksam gewesen sind. Erwähnt zu werden verdient aber, dass der Satz über den Stein vor dem Grabe: ἦν γὰρ μέγας σφόδρα, im Petrusevangelium nicht wie in unserem jetzigen Markustext an der verkehrten Stelle steht, sondern richtig seinen Platz in der besorgten Rede der Frauen hat. Hierzu muss man jetzt den neuen syrischen Evangelientext vom Sinai vergleichen, den Merx nach der Ausgabe der englischen Entdecker übersetzt hat.[1]) Nachstehend sind die drei Texte neben einander gegeben: das Petrusevangelium, die Merx'sche Übersetzung aus dem Syrischen in griechischer Retroversion, und der Wortlaut des kanonischen Markus. Es heisst:

P. E.	Syr.	Kan. Mark.
52. ... καὶ ἔλεγον ... ... 53. τίς δὲ ἀποκυλίσει ἡμῖν τὸν λίθον τὸν τεθένια ἐπὶ τῆς θύρας τοῦ μνημείου, ἵνα εἰσελθοῦσαι παρακαθεσθῶμεν αὐτῷ καὶ ποιήσομεν τὰ ὀφειλόμενα. 54. μέγας γὰρ ἦν ὁ λίθος καὶ φοβούμεθα . . . . καὶ ἀπελθοῦσαι εὗρον τὸν τάφον ἠνεῳγμένον	καὶ ἔλεγον πρὸς ἑαυτάς· τίς δὲ ἀποκυλίσει ἡμῖν τὸν λίθον τοῦ μνημείου; ἦν γὰρ μέγας σφόδρα. καὶ ἀπῆλθον καὶ θεωροῦσιν ὅτι ἀνακεκύλισται ὁ λίθος.	3. καὶ ἔλεγον πρὸς ἑαυτάς· τίς ἀποκυλίσει ἡμῖν τὸν λίθον ἐκ τῆς θύρας τοῦ μνημείου; καὶ ἀναβλέψασαι θεωροῦσιν ὅτι ἀνακεκύλισται ὁ λίθος· ἦν γὰρ μέγας σφόδρα.

---

[1]) Berlin, Georg Reimer, 1897, S. 103.

Spalte 2 giebt einen Markustext, der bedeutend älter ist, als unser jetziger, und es liegt sogleich auf der Hand, dass er auch grössere Verwandtschaft mit dem Petrusevangelium aufweist, als dieser. Abgesehen von der Übereinstimmung in der richtigen Stellung des Satzes über die Grösse des Steines ist besonders auffallend die Parallele des in beiden Fällen gleich harten, ja störenden καὶ ἀπῆλθον — ἀπελθοῦσαι. Es wird also an einer direkten Abhängigkeit der betreffenden Stelle des Petrusevangeliums vom Markusschluss nicht zu zweifeln sein. Was endlich den V. 57 des Fragmentes betrifft, so fehlt zwar die Bemerkung, dass die Frauen niemandem etwas gesagt hätten, aber das ἔφυγον stellt sowohl die Abhängigkeit von Markus sicher, als auch die Folgerung, dass, wenn die Frauen geflohen sind, sie natürlich den Jüngern nichts haben erzählen können.

In der That — die Jünger können nichts erfahren haben, denn das Petrusevangelium fährt im unmittelbaren Anschluss an das τότε αἱ γυναῖκες φοβηθεῖσαι ἔφυγον folgendermassen fort:

58. Ἦν δὲ τελευταία τῶν ἀζύμων, καὶ πολλοί τινες ἐξήρχοντο ὑποστρέφοντες εἰς τοὺς οἴκους αὐτῶν τῆς ἑορτῆς παυσαμένης. 59. ἡμεῖς δὲ οἱ δώδεκα μαθηταὶ τοῦ κυρίου ἐκλαίομεν καὶ ἐλυπούμεθα καὶ ἕκαστος λυπούμενος διὰ τὸ συμβὰν ἀπηλλάγη εἰς τὸν οἶκον αὐτοῦ. 60. ἐγὼ δὲ Σίμων Πέτρος καὶ Ἀνδρέας ὁ ἀδελφός μου λαβόντες ἡμῶν τὰ λίνα ἀπήλθαμεν εἰς τὴν θάλασσαν, καὶ ἦν σὺν ἡμῖν Λευεὶς ὁ τοῦ Ἀλφαίου, ὃν κύριος . . . .
. . . .

Hier bricht das Fragment leider ab! Nun steht also die Sache so: Das Petrusevangelium ist eine Strecke weit dem Markustext ganz evident gefolgt, bis an den Punkt, wo unser Markus — wie wir wissen durch absichtliche Entfernung seines einstigen Schlusses — aufhört. Was aber das Petrusevangelium nunmehr im unmittelbaren Anschluss an das eben von ihm nach Markus Erzählte weiter bringt, das ist genau dasselbe, was wir vorher als den Inhalt des verloren gegangenen echten Markusschlusses ermittelt haben: Verzweiflung der Jünger und

Rückkehr in die Heimat. Weiter finden wir hier die Einleitung zu einer Geschichte, die offenbar eine Parallele zu der Fischzugserzählung in Joh. 21 vorstellt — Joh. 21 aber haben wir als aller Wahrscheinlichkeit nach vom einstigen Markusschluss abhängig erwiesen. Sowohl an sich als auch durch die Analogie von Joh. 21 ist es sicher, dass der V. 60 des Fragments den Anfang eines Berichts über eine Erscheinung Jesu vor Petrus und mehreren Jüngern enthält, und zwar in Galiläa — Mark. 16,7 aber steht: „Gehet hin, saget es seinen Jüngern und dem Petrus, dass er euch vorangeht nach Galiläa; dort werdet ihr ihn sehen." Endlich führt auch noch eine äussere Spur auf den Zusammenhang dieses Verses 60 mit dem Markusevangelium. Es heisst „Levi der Sohn des Alphäus" sei unter denen gewesen, die mit Petrus zum Fischfang auszogen; diese Namensform kommt nur noch ein einziges Mal vor, und zwar bei Markus (2, 7). Wie sollte der Verfasser des Petrusevangeliums darauf kommen, den Apostel mit dieser singulären Namensbezeichnung zu nennen, wenn sie nicht in der Quelle vorlag, der er folgte? Auch der Ausdruck οἱ δώδεκα (μαθηταί) n a c h dem Verrat des Judas ist sonst nur in der petrinischen Überlieferung (1. Kor. 15) bezeugt.

Eines ist freilich ganz unverkennbar: Das Petrusevangelium erzählt ausserordentlich ungeschickt. Dem Wortlaute nach müsste man aus dem Anschluss von V. 58 an 57 auf den Gedanken kommen, dass der Verfasser sich die ἄζυμα als ein zwei- oder dreitägiges Fest vorstellt. Das kann Markus natürlich nicht gethan haben, aber entweder hat das Petrusevangelium eine Wendung etwa wie γενομένης δὲ τῆς τελευταίας τῶν ἀζύμων (vgl. Mark. 14, 12) ὑπέστρεψαν οἱ δώδεκα missverstanden, oder, was wahrscheinlicher ist, es hat sich einfach unbeholfen ausgedrückt, wie an zahlreichen anderen Stellen.

Ist nun das Gewicht der bisher für die Herleitung von Petr. Ev. 58 ff. aus dem verlorenen Markusschluss beigebrachten Argumente kein geringes, so tritt als ein weiterer Grund noch die Erwägung herzu, dass es für einen Erzähler wie Markus wohl ganz natürlich war, die Jünger, da sie nichts von der Auferstehung erfahren hatten, mit den heimkehrenden Festpilgern gleichfalls nach Hause aufbrechen zu lassen — nicht aber für den Verfasser des Petrusevangeliums. Zu erfinden war dieser Zug in später Zeit für einen dem einstigen Hergang ganz fernstehenden Schreiber überhaupt nicht mehr; findet er sich also unter solchen Umständen, so spricht Alles dafür, dass er auf eine alte Quelle zurückgeht. Ist diese aber Markus gewesen, so ist die angegebene Motivierung für das Fortgehen der Jünger von Jerusalem, zurück in die Heimat, wohl die allernatürlichste. Ebenso ist es für das Empfinden der relativ späten Zeit, aus der das Petrusevangelium stammen muss, sehr schwer vorstellbar, dass ein Evangelienschreiber ex suis die Trauer und Verzweiflung der Jünger so betont, wie es hier geschieht; anders, wenn er derartiges in seiner Vorlage fand. Wir wissen, dass eine solche Bemerkung über die Gemütsverfassung der Jünger nur dem entspricht, was für den alten Markusschluss vorauszusetzen ist.

Wie aber ist es zu erklären, dass ein apokryphes Buch, wie das Petrusevangelium, noch einen Markus mit ursprünglichem Schluss gelesen resp. genau gekannt hat — das kanonische Matthäusevangelium hingegen nicht mehr? Es fragt sich zunächst, wie alt das Petrusevangelium ist. Harnacks Ansatz — zwischen den Jahren 100 und 130 — (Gesch. d. altchristl. Lit. 2, 1, p. 474 f.) wird man unbedenklich beipflichten können; allerdings spricht die Benutzung des echten Markusschlusses eher für den Anfang als für das Ende dieses Zeitraums (Harnack, p. 716). Angenommen, die Abfassungszeit des Markus falle ca. 80 und die des Matthäus innerhalb der beiden folgenden Jahrzehnte des Jahrhunderts, vielleicht in die Mitte dieses Zeitraums, so müsste Markus sehr bald nach seinem Erscheinen in Kleinasien seines Schlusses beraubt worden sein und ein von diesem Eingriff abhängiges Exemplar alsbald die Quelle des Matthäus geworden sein, während 15—20 Jahre später das Petrusevangelium noch sehr wohl in der Lage gewesen sein kann, die unversehrte Quellenschrift zu benützen; sei es als direkte Vorlage, sei es aus genauer Kenntnis des Inhalts und der Worte. Angenommen, dass Markus vor der Zerstörung Jerusalems geschrieben ist und Matthäus bereits um das Jahr 80 oder gleich darnach, so ändert sich in der Sache nicht viel; denn selbst wenn Markus zwischen 70 und 80 in Kleinasien seinen Schluss verloren hat, so kann der Verfasser des Petrusevangeliums an dem Orte, wo er schrieb, auch noch nach dreissig Jahren ohne weiteres ein vollständiges Markusevangelium gekannt haben.

Nach der Bestätigung unserer vorher gewonnenen Einsicht, dass in der Hauptsache zwischen dem, was in Joh. 21 erzählt wird, und dem alten Markusschluss ein enger Zusammenhang bestehen muss, greifen wir nun wieder auf die Frage nach dem Verhältnis eben dieser beiden Grössen im einzelnen zurück. Wie nahe steht Joh. 21 nach Inhalt und Form dem alten Markusschluss? Auf diese Frage wird es geraten sein, sich einer gewissen Zurückhaltung zu befleissigen. Wir haben, abgesehen von dem, was aus Markus selbst zu schliessen ist, ferner von 1. Kor. 15, 5 und von Petr. Ev. 58—60 nichts,[1]) das geeignet wäre, uns einen sicheren Massstab zur Beurteilung des Problems zu bieten, wieviel vom echten Markusschluss in Joh. 21 enthalten, wieviel hier eventuell ganz beiseite gelassen und wieviel möglicherweise hinzugesetzt worden ist. Als sicher wird nur zu betrachten sein, dass die Erscheinung Jesu im Anschluss an den Auszug der Jünger zum Fischfang am See Genezareth erfolgte. Schon die nächste Frage: wie steht es mit der besonderen Erscheinung vor Petrus im Verhältnis zu der, die „den Zwölf" zu teil wurde? (1. Kor. 15), wird sich nicht befriedigend beantworten lassen. Nach der Darstellung, die Joh. 21 giebt, kann von einem $\mathring{\omega}\varphi\vartheta\eta\ K\eta\varphi\tilde{\alpha}$,

---

[1]) Mit einer gleich zu besprechenden eventuellen Ausnahme.

ἔπειτα τοῖς δώδεκα nicht die Rede sein — aber wir werden sehen, dass darauf aus dem Grunde wenig Gewicht zu legen ist, weil der Verfasser des Kapitels ohne Zweifel in bezug auf das Hervortreten und Zurücktreten bestimmter Persönlichkeiten sich grosse Freiheiten erlaubt hat. Aus Petr. Ev. 60 ist kaum etwas über den weiteren Verlauf im einzelnen zu entnehmen; ob ausser Andreas und Levi-Matthäus noch andere Jünger den Petrus begleitet haben, ist nicht ersichtlich. Das ἦν σὺν ἡμῖν führt nicht darauf, dass noch von einer Mehrzahl die Rede sein sollte, aber unmöglich ist es doch nicht. Es ist möglich, dass die beiden Erscheinungen vor Petrus und den „Zwölf" sich unmittelbar an einander anschlossen und bei derselben Fischfangsgelegenheit erfolgten; sicher ist nur, dass die Frage der Restitution des Petrus bei dieser Gelegenheit behandelt worden sein muss, und zwar vielleicht so, dass der Akt sozusagen vor den Augen der anderen Jünger geschah. Ebenso möglich ist es aber, dass Petrus auf sein Erlebnis hin den Kreis erst wieder gesammelt hat und dass in der Offenbarung Jesu vor allen Jüngern zusammen eine Rehabilitation des Petrus gewissermassen indirekt gegeben wurde. Bei der Besprechung der verschiedenen sekundären Zeugnisse, die in betreff der Erscheinungen ausserhalb der beiden grossen Traditionsreihen stehen oder nicht sicher in sie einzuordnen sind, wird sich zu dieser Frage noch Einiges an Beobachtungen ergeben. Im einzelnen lässt sich zu Joh. 21 folgendes sagen. Wir lesen in V. 1: μετὰ ταῦτα ἐφανέρωσεν ἑαυτὸν πάλιν Ἰησοῦς τοῖς μαθηταῖς, und in V. 14: τοῦτο ἤδη τρίτον ἐφανερώθη Ἰησοῦς τοῖς μαθηταῖς ἐγερθεὶς ἐκ νεκρῶν. Diese wiederholte Betonung, dass hier eine abermalige, resp. eine dritte Erscheinung Jesu (nach der vor allen Jüngern ausser Thomas und der, bei welcher auch Thomas glaubte) vorliege, ist auffallend. Bei Markus war sie vielmehr an erster Stelle erzählt; demgegenüber kann sie der Schreiber von Joh. 21 überhaupt nur dann mit dem vierten Evangelium in Zusammenhang bringen, wenn er die von ihm gemachte chronologische Korrektur hinzufügt; denn er wusste, dieses Evangelium würde Leser haben, denen die Wiedereinsetzung des Petrus als bei dem ersten Erscheinen Jesu geschehen bekannt war. Ob und wieweit bei dem ganzen Vorgang mit dem Markusschluss in Kleinasien bona fide, aus einer wirklich oder vermeintlich besseren Kenntnis des Sachverhalts heraus, gehandelt ist, kann hier füglich aus dem Spiel bleiben. Mit dem $\check{\eta}\delta\eta$ $\tau\varrho\ell\tau o\nu$ werden übrigens nur die Erscheinungen vor den Jüngern gezählt — also kam es dem Schreiber nicht darauf an, eine Chronologie der Erscheinungen überhaupt zu geben, sondern darauf, zu betonen: **diese Erscheinung Jesu vor den Jüngern war die dritte**, d. h. nicht (wie manche glauben und im Markusevangelium fälschlich stand) die erste oder zweite. Anders als durch diese gleichsam polemische Absicht wird man die Betonung des $\check{\eta}\delta\eta$ $\tau\varrho\ell\tau o\nu$ schwer erklären können, selbst wenn man daran denkt, dass ähnliche Zählungen mehrfach im Johannesevangelium vorkommen. Der Schreiber kam hier, bei der Benutzung des echten Markusschlusses in Kap. 21, unmöglich um die Notwendigkeit herum, ein Wort über diese zeitliche Verschiebung, die er mit dem Ereignis vornahm, zu sagen.

Weiter sieht man deutlich, dass die ganze Erzählung mindestens der Form nach vollständig umgegossen ist. Wenn sie auch schwerlich aus derselben Feder geflossen ist, wie die Kapitel 1—20 des Evangeliums, so ist sie diesen doch in der Art des Ausdrucks nahe verwandt. Die Wahrscheinlichkeit ist also nicht gross, dass sich von der ursprünglichen Markusgrundlage im einzelnen noch viel erhalten hat. Die eigentümliche, bald detaillierende, bald skizzierende Art des Markus kann man, wenn man will, wohl in dem Kapitel wiederfinden — aber eine solche Beobachtung will wenig besagen. Ein Fingerzeig für die Beurteilung des Ganzen liegt darin, dass „Levi der Sohn des Alphäus", der bei Markus sicher genannt gewesen ist, in dem Verzeichnis, das V. 2 enthält, entweder geradezu ausgelassen oder namenlos geworden (es werden zwei „andere" Jünger erwähnt) oder in „Nathanael von Kana in Galiläa" zu suchen ist. Irgend einer der synoptischen zwölf Jünger wird ja wohl in dem Nathanael des vierten Evangeliums stecken, und dass es vielleicht Levi-Matthäus war, dafür spricht die gleiche Bedeutung der Namen Nathanael und Matthäus[1]). Andreas, den das Petrusevangelium nennt, fehlt oder steckt in den beiden „anderen" Jüngern. Οἱ τοῦ Ζεβεδαίου ist in dem ganzen Verzeichnis der einzige Hinweis darauf, dass der Schreiber eine synoptische Vorlage gehabt hat; denn der Ausdruck ist nur synoptisch, nicht johanneisch. Die Wendung „καὶ ἄλλοι ἐκ τῶν μαθητῶν αὐτοῦ δύο" ist sehr auffallend. Warum werden denn die Beiden nicht genannt? Stand bei Markus überhaupt nichts von diesen zwei Persönlichkeiten, so fehlte jeder Grund für den Schreiber, sie hier in dieser eigentümlichen Form anzuführen; namenlos sind sie aber bei Markus sicher nicht gewesen, denn dort handelte es sich um eine sehr alte und ausgezeichnete Quelle — also muss der Autor von Joh. 21 irgend einen für uns unerfindlichen Grund gehabt haben, einen und den anderen Namen zu unterdrücken. Nicht unmöglich ist es, dass ihn das Bestreben geleitet hat, nicht geradezu Identisches mit dem Markusschluss zu bringen und dass sein Verfahren mit den Namen analog dem „πάλιν" und „ἤδη τρίτον" zu beurteilen ist. Falls diese Möglichkeit zutrifft — und das liegt nicht fern — so müssen wir überhaupt von vornherein darauf verzichten, aus Joh. 21 andere als ganz allgemeine Schlüsse auf die einstige Gestalt der Erzählung bei Markus zu ziehen. Über das eigentümliche Halbdunkel, in dem das Erkennen und Nichterkennen der Jünger gegenüber der Erscheinung Jesu liegt, ist bereits gehandelt worden — weiter aber, als bis zu der daraus oben gezogenen Schlussfolgerung, dass hier die erste Erscheinung erzählt wird, kann man angesichts der eben vorgetragenen Erwägungen nicht gehen.

---

[1]) Hilgenfeld, D. Ev. u. d. Briefe des Johannes, p. 271. Die Evv. nach ihrer Entstehung u. geschichtl. Bedeutung, p. 244.

Übersieht man das 21. Kapitel des Johannes als Ganzes, so wird sich mit verhältnismässiger Sicherheit nichts weiter behaupten lassen, als dass ganz im allgemeinen die **Offenbarung Jesu beim Fischfang am See Genezareth und die Rehabilitation des Petrus aus dem alten Markusschluss stammen müssen**, denn das Erstere ist durch das Petrusevangelium und das Zweite durch ' zwingende allgemeine Erwägungen gedeckt; alles Weitere aber ist fraglich. Insbesondere lässt sich garnichts darüber sagen, ob und was der alte Markusschluss noch ausser der Wiedereinsetzung des Petrus enthalten hat. Irgend ein solenner Abschluss und wohl auch der Taufbefehl oder etwas Ähnliches werden sowenig wie bei den anderen Evangelien gefehlt haben; dass etwas wie eine Erscheinung bei einer Mahlzeit dagestanden hat, ist auch möglich, wenn man bedenkt, wie fest dieser Zug in allen anderen Berichten steht. Andererseits kann das Fischmahl am Ufer des Sees ebenfalls das diesen Erzählungen entsprechende Stück sein. Die grösste Schwierigkeit liegt darin, dass es weder nach dem Petrusevangelium noch nach Joh. 21 recht abzusehen ist, wie es bei Markus zu einer genauen historischen Parallele zu dem paulinischen Kerygma ὅτι ὤφϑη Κηφᾷ, ἔπειτα τοῖς δώδεκα gekommen sein soll — aber darüber, wie sich die im Beginn abgebrochene Erzählung des Petrusevangeliums weiter gestaltet hat, ist ja nichts zu sagen, und bei Joh. 21 müssen wir ohnehin auf sehr starke Veränderungen gegenüber Markus gefasst sein. Eine einzige Garantie wird durch das τοῦτο ἤδη τρίτον gegeben, nämlich dass der Leser, der von der Erscheinung am See etwas wusste, resp. den alten Markusschluss kannte, in Joh. 21 noch denselben Hergang wiederzuerkennen in der Lage sein musste.

Was ist nun über die **Johannesepisode** zu sagen, die in Joh. 21 mit dem Bericht über die Restitution des Petrus verbunden ist? Es scheint so, als ob das ganze Kapitel jetzt dastehe, um in diese johanneische Spitze auszulaufen, an die wiederum das Zeugnis über die Autorschaft des Johannes in bezug auf das Evangelium geknüpft ist. Geschlossen kann hiermit das Markusevangelium nicht haben; dass Johannes an seinem Schlusse auch noch in besonderer Weise vorkam, ist um des „οἱ τοῦ Ζεβεδαίου" in V. 2 willen möglich, falls dieser Ausdruck aus Markus stammt. Man kann wohl auch annehmen, dass unter den Gründen, die für die Anfügung des Nachtrages bestimmend waren, sich auch der Wunsch befand, aus irgend einem Grunde das angebliche Wort Christi über den Zebedaiden Johannes und das Missverständnis, welches sich daran geknüpft hatte, richtig zu stellen.

Nun noch ein Wort über den eigentlichen Kern sowohl im Markusschluss als auch in Joh. 21: die Wiederherstellung der Autorität des Simon Petrus. Wir lesen nämlich an einer allerdings sehr entlegenen Stelle etwas, das sich möglicherweise auf denselben Vorgang bezieht, der jenen beiden Stellen, um die es sich für uns handelt, zu Grunde liegt. Schahrastani, ein arabisch schreibender Gelehrter des 12. Jahrhunderts, der einige Nachrichten über syrische Gnostiker hat, sagt an einer Stelle von Jesus folgendes (Ed. u. Übers. von Haarbrücker, I p. 261[1])): „Aber nachdem er getötet und gekreuzigt war, kam er herab, und es sah ihn Simon Kephas, und er sprach mit ihm und übertrug ihm die Gewalt; dann verliess er die Welt und stieg gen Himmel . . . ." So wie diese Aussage dasteht, könnte sie nur entweder auf Joh. 21 resp. auf den echten Markusschluss oder noch wahrscheinlicher auf das Petrusevangelium zurückgehen. Zu beachten ist, dass dieses in der That eine doppelte Himmelfahrt Jesu vorauszusetzen scheint, oder doch wenigstens ein Aufsteigen direkt von dem aufgethanen Grabe aus. (Vgl. hierzu den Kommentar Harnacks, in seiner Ausgabe des Petrusevangeliums, zu V. 40, p. 57). Auch ist es für die Möglichkeit, dass eine,

---

[1]) Das Buch selbst ist mir leider nicht zugänglich. Ich zitiere nach Harnack, Altchristl. Lit. Gesch. I, p. 10.

wenn auch pseudopetrinische Tradition bis auf Schahrastani gekommen sein kann, beachtenswert, dass dieser Schriftsteller in der That wirkliche Nachrichten über Marcioniten und Bardesaniten hat (Harnack, p. 152) und dass, wie Zahn mitteilt (in seiner Ausgabe des Petrusevangeliums, p. 71), im Jahre 1099 sich einheimische Christen bei Antiochia gerühmt haben, ein Petrusevangelium zu besitzen.[1])

Nun giebt es aber in unseren Evangelien eine Stelle, mit der sich Schahrastanis Worte noch viel frappanter decken, als mit dem dreimaligen „Weide meine Schafe" in Joh. 21; diese Stelle enthält ein Wort Jesu an Petrus, das allen Anzeichen nach nicht dorthin gehört, wo es steht, und das sich in einer eigentümlichen, ganz singulären Namensform mit Joh. 21 berührt — Matth. 16, 17—19: „Selig bist du, Simon Barjona, denn Fleisch und Blut haben dir das nicht offenbart, sondern mein Vater im Himmel, und ich sage dir, dass du Petrus bist, und auf diesem Felsen werde ich meine Gemeinde erbauen, und die Pforten der Unterwelt sollen nicht stärker sein, als sie. Ich will dir die Schlüssel des Himmelreichs geben, und was du bindest auf Erden, wird im Himmel gebunden sein, und was du lösest auf Erden, wird im Himmel gelöst sein."

Diese Worte Jesu sind ihrem wesentlichen Gehalte nach eher als Abschiedsbefehl und Vermächtnis der Autoritätsstellung des scheidenden Meisters gedacht, denn als Antwort auf das Messiasbekenntnis des Jüngers. Besonders der Satz: „$\dot{\epsilon}\pi\grave{\iota}$ $\tau\alpha\acute{v}\tau\eta$ $\tau\tilde{\eta}$ $\pi\acute{\epsilon}\tau\varrho\alpha$ $o\dot{\iota}\kappa o\delta o\mu\acute{\eta}\sigma\omega$ $\mu o\upsilon$ $\tau\grave{\eta}\nu$ $\dot{\epsilon}\kappa\kappa\lambda\eta\sigma\acute{\iota}\alpha\nu$" hat vielfach dazu Anlass gegeben, diese Stelle als ein deutliches Zeugnis dafür anzusehen, dass bereits eine $\dot{\epsilon}\kappa\kappa\lambda\eta\sigma\acute{\iota}\alpha$ existiert und den Anlass zu der Prägung des Wortes gegeben hat, als es nieder-

---

[1]) Zahn macht leider hierüber keine weiteren Mitteilungen, sondern sagt nur, was jene Orientalen anführten, könne nicht im alten Petrusevangelium gestanden haben; immerhin aber folge daraus, dass das Petrusevangelium in der Erinnerung noch fortgelebt resp. eine späte Umarbeitung erfahren habe.

geschrieben ward. Wo aber ist diese Widerspiegelung der Gemeindegründung in einem Worte Jesu natürlicher, als dort, wo es sich darum handelt, demjenigen Jünger, der in der That nach der ältesten Überlieferung der Sammler des zersprengten Kreises, die Säule und der Fels der Urgemeinde gewesen ist, gleichsam die Nachfolge des Meisters als dem Haupt der werdenden „Gemeinde" zu übertragen? Markus enthält diese Stelle, obwohl er der eigentlich petrinische Referent ist, soweit wir sein Evangelium vor uns haben, nicht; sollte er sie — natürlich nicht wörtlich in derselben, wohl aber in einer ähnlichen Form, wie sie jetzt in Matth. 16 dasteht — in seinem alten Schlusse bei Gelegenheit der Restitution des Petrus in seine verlorene Autorität gebracht haben? Es wäre sehr wohl erklärlich, wie die grossartigen Worte in dem johanneischen Anhang zu einem Schatten verblassen konnten, und dass sie, die man doch kannte, aber an der historisch angemessenen Stelle nicht mehr las, bei der Abfassung des Matthäusevangeliums an einem geeignet erscheinenden Orte untergebracht wurden. Man muss erwägen, dass Matth. 16, 17—19 nicht in die Kategorie der Petruslegenden gehört, wie etwa die Geschichte bei Matthäus von dem Wandeln des Petrus auf dem Meere, sondern dass es ein Herrnwort an Petrus ist, und zwar ein solches, das zur Zeit der Abfassung des Matthäusevangeliums bereits feststand. Dass es schlechthin erdichtet ist, ist wenig wahrscheinlich; hatte es aber eine reale Grundlage, so ist es befremdlich, dass im Markusevangelium keine Spur davon existiert haben soll. Daraus, dass es hinter dem Petrusbekenntnis bei Markus fehlt, ist zu schliessen, dass die historische Anknüpfung an dieser Stelle jedenfalls falsch ist. Wir folgern also: 1. Eine geschichtliche Erinnerung liegt dem Herrnwort an Petrus wahrscheinlich zu Grunde; 2. der petrinische Evangelist hat es in dem erhaltenen Teile seines Werkes nicht und bezeugt, dass Matthäus es in einem falschen Zusammenhange bringt; 3. es enthält einen Hinweis Jesu auf die Fortsetzung seines Werkes nach seinem Scheiden aus der Welt durch einen Stellvertreter, der zum Grundstein der entstehenden ἐκκλησία Jesu werden soll — also spricht Mehreres dafür, dass Markus dieses Herrnwort oder ein sehr ähnliches an derjenigen Stelle seines Werkes gebracht hat, wo er den Petrus durch den Auferstandenen in seiner Autorität restituiert werden liess. Mit dem Verschwinden des Markusschlusses schwand auch die Kenntnis des pragmatischen Zusammenhanges, in dem das Wort ursprünglich stand; als Herrnwort blieb es aber im Gedächtnis der Gemeinde erhalten und fand seinen Platz im Matthäusevangelium an der Stelle, wo es am besten hinzupassen schien. Dass es dabei besonders an seinem Anfang eine Veränderung resp. Anpassung an den neuen Zusammenhang erlitten hat, ist anzunehmen. Sowenig eine solche Vermutung den Anspruch auf Sicherheit erheben kann, so berechtigt ist sie eben als Vermutung, und es darf endlich auch noch darauf hingewiesen werden, dass wir sowohl in Matth. 16, 17, als auch in Joh. 21, 15—17 dieselbe auffallende und singuläre Anrede an Petrus haben: „Simon, Sohn des Jona." Ist es demnach etwa so gewesen, dass der Autor von Joh. 21 die volltönende, emphatische Installation, die dem Petrus zu teil wurde, absichtlich auf die bescheidene Form reduzierte: „Weide meine Schafe", so mag er doch auch hier, um der Wiedererkennbarkeit der Szene willen, den Anklang der Namensnennung haben stehen lassen.[1]) Das Schema der dreifachen Frage und Antwort mit der so schneidend auf Mark. 14, 29. 30 anspielenden Wendung: „ἀγαπᾷς με πλέον τούτων;" wird vielleicht dem ursprünglichen Aufbau der Szene entsprechen; den Schluss würde dann die „Übertragung der Gewalt" an den Petrus gebildet haben. Ist dem im wesentlichen so, dann sehen wir abermals, wie vollständig der Markusschluss in Joh. 21 umgearbeitet worden ist; denn dass sich die synoptische Form des „Ediktes" Jesu im Verhältnis zu jenem sehr stark geändert haben sollte, das ist,

---

[1]) Σίμων Ἰωάννου ist nur Übersetzung von Σίμων Βαριωνᾶ; überdies giebt es auch Textzeugen für Joh. 21 mit der Form: „Σίμων Ἰωνᾶ."

wenn unsere ganze Hypothese überhaupt richtig sein sollte, nicht wahrscheinlich.

Es verknüpft sich nun noch ein weiteres Problem mit dem merkwürdigen Nachtragskapitel zu Johannes. Man wird nämlich nicht wohl leugnen können, dass irgend eine Beziehung zwischen ihm und der Fischzugsgeschichte Luk. 5, 1—11 besteht. Um die Frage soweit wie möglich klar zu stellen, müssen wir von der Beobachtung ausgehen, dass die Lukaserzählung gleichsam ein doppeltes Gesicht trägt: sie ist zusammengefügt aus Zügen, die deutlich allgemein synoptisch sind und der Tradition von der Berufung der ersten Jünger angehören, und aus einer damit verflochtenen Erzählung, die nur als eine direkte Parallele zu Joh. 21, 6—11 aufgefasst werden kann. Dazu ist als Rahmen für die ganze Szene die Situation von Mark. 4, 1 ff. frei hinzukomponiert: die am Seeufer versammelte Menge, der Jesus vom Schiffe aus predigt. Dass diese Bestandteile in nachträglicher, sekundärer Weise zusammengearbeitet sind, geht daraus hervor, dass sich zwischen ihnen ein unausgeglichener Widerspruch offenbart. Es kann keinem Zweifel unterliegen, das Lukas die Erzählung 5, 1—11 als einen Bericht über die Berufung des Simon Petrus, Jakobus und Johannes bringt, aber ebenso deutlich ist es, dass im weiteren Verlauf des Geschehnisses Petrus nicht als der erst zu Berufende, sondern bereits als Jünger Jesu spricht, wenn er ihn (v. 5) $\dot{\epsilon}\pi\iota\sigma\tau\acute{a}\tau a$ und (v. 8) sogar $\varkappa\acute{v}\varrho\iota\epsilon$ nennt. Besonders die letztere Bezeichnung zeigt ganz offenbar, dass Jesus den Jüngern gegenüber in diesem Teil der Erzählung nicht ein mehr oder weniger Fremder ist, sondern „der Herr". Selbst aber wenn man diese Beobachtung nicht gelten lassen wollte, so bleibt doch die andere unerschüttert, dass wir hier auf der einen Seite eine Komposition von Mark. 1, 16—20 (Matth. 4, 18—22) und Mark. 4, 1 ff. (Matth. 13, 1 ff.) vor uns haben, auf der anderen dagegen eine innerhalb der synoptischen Berichte ganz singuläre Geschichte, und dass diese beiden Bestandteile der Gesamterzählung sich leicht von einander trennen lassen. Luk. 5, 1—2 und 10—11 sind im wesentlichen die dem Mittelstück 4—9 leicht angepasste Parallele zu Mark. 1, 18—20; v. 3 entspricht ziemlich genau Mark 4, 1; 4a endlich bildet den notwendigen Übergang zu dem eigentlichen Kern der Erzählung. Hiernach ist also deutlich, dass es dem Autor des Lukasevangeliums, resp. seiner Quelle, darauf ankam, die ihm bekannte Geschichte von dem wunderbaren Fischzuge im See Genezareth in einen passenden Zusammenhang einzuordnen — ein Versuch, den wir ja bei Lukas öfters beobachten können. War unsere Vermutung betreffend Matth. 16, 17—19 richtig, so müssten wir also hier eine Parallele zu dem dort vermuteten Verfahren des Evangelisten annehmen.

Man könnte nun vielleicht meinen, dass Luk. 5, 1—11 lediglich eine freie sagenhafte Erweiterung und Ausschmückung des Markus- resp. Matthäusberichtes über die Berufung der ersten Jünger ist. Demgegenüber ist zu sagen, dass die Szene bei Lukas viel zu evident eine Parallele zu dem betreffenden Stück in Joh. 21 ist, als dass man von einem inneren Zusammenhang hier absehen könnte; wenn sich nun zeigt, dass gerade die Szenerie bei Johannes, der Fischfang auf dem See, aus dem alten Markusschluss stammt, also das Ganze dort nicht seinerseits eine Weiterspinnung von Luk. 5 ist, so ist der Schluss unausweichlich, dass Lukas ein festes Traditionsstück, dessen pragmatische Hingehörigkeit ihm unbekannt war, an dieser Stelle in sein Werk eingearbeitet hat. Selbst abgesehen davon geht es aber nicht an, Luk. 5 als das prius und Joh. 21 als eine spätere Ausgestaltung anzusehen, denn wir haben ja gesehen, wie sich die Lukasperikope selbst als ein Notbehelf offenbart, ein bekanntes, aber wurzellos umhertreibendes Traditionsstück künstlich in einem zurechtgemachten Boden zu befestigen — und diese Erkenntnis ist unabhängig von der Ableitung von Joh. 21, 6—11 aus dem alten Markusschluss. In wie reflektierender, mosaikartig verfahrender Weise Lukas gearbeitet hat, zeigt die Heranziehung von Mark. 4, 1, damit auf diese Weise ein glaublicher Übergang zu dem Fischfang auf hohem See hergestellt werde. Wie sehr mit Bewusstsein geradé dieses Zwischenglied genommen und hier eingefügt wurde, sieht man daraus, dass dort, wo Lukas die Sämannsparabel bringt, zu der nach Mark. 4, 1—2 als Einleitung das Besteigen des Fahrzeuges am Ufer durch Jesus gehört, dieses bereits in 5, 3 verbrauchte Motiv fehlt; es heisst dort einfach: „Συνιόντος δὲ ὄχλου πολλοῦ κ. τ. λ. . . . εἶπεν διὰ παραβολῆς."

Es ist also als Ertrag dieser Erörterung festzuhalten, dass in Luk. 5, 1—11 für das Mittelstück v. 4—9, die Fischzugsgeschichte, dem Autor des Evangeliums ursprünglich ein aus dem Zusammenhange gelöstes Blatt der Überlieferung vorlag, das er vermittelst einer künstlichen Kombination an seiner jetzigen Stelle untergebracht hat. Nun ist dieses Blatt aber mit grosser Sicherheit als eine Parallelerzählung zu einem Teil von Joh. 21 anzusehen; Joh. 21 aber beruht auf dem einstigen, echten Markusschluss; also hängt auch das Stück in Luk. 5 auf irgend eine Weise mit diesem Markusschluss zusammen. Das Natürlichste wird es sein, anzunehmen, dass mit seiner Entfernung, durch das Verschwinden der direkten pragmatischen Überlieferung, die Geschichte von dem wunderbaren Fischzuge einen nach Zeit und näheren Umständen unbestimmten, verschwommenen Charakter erhielt; man wusste, dass ein derartiges Ereignis sich zugetragen habe, aber nicht, wie und wann. So mag die Erzählung auch an Lukas gekommen und von ihm verarbeitet worden sein, wohl nicht auf Grund einer schriftlichen Überlieferung, sondern mündlicher Tradition.

Die Vermutung, dass in Luk. 5 ein Zusammenhang mit dem Markusschluss besteht, erhält eine gewisse Unterstützung, wenn man an die innere Kritik des Lukasstückes herantritt. Es steht nämlich in v. 8 von Petrus etwas zu lesen, das hier, wo es sich nach der Absicht des Verfassers doch um die Berufung des Apostels handeln soll, einigermassen auffällt. Es heisst, als die wunderbare Fülle des Fischzuges offenbar wird: „Σίμων Πέτρος προσέπεσεν τοῖς γόνασιν Ἰησοῦ λέγων ·

ἔξελθε ἀπ' ἐμοῦ, ὅτι ἀνὴρ ἁμαρτωλός εἰμι, κύριε." Wir lesen sonst nur Matth. 28, 9 von den Frauen und ebendaselbst in v. 17 von den Jüngern, ὅτι προσεκύνησαν τὸν Ἰησοῦν — beide Male geschieht es nach der Auferstehung. Befremdet daher schon das προσέπεσεν τοῖς γόνασιν, so muss das noch mehr mit den Worten des Petrus der Fall sein, wenn man den ganzen Zusammenhang erwägt. Warum überwältigt denn den Petrus angesichts des reichen Fischzuges hier so plötzlich das Gefühl seiner Sünde, dass er ausruft: „Herr, gehe hinaus von mir, denn ich bin ein Sünder?" Man kann sich ja dieses Empfinden des Petrus allenfalls auch an sich begreiflich machen, aber sehr viel begreiflicher wird eine solche Szene, wenn in der ursprünglichen Gestalt der Erzählung Petrus hier den auferstandenen Jesus bei sich im Fahrzeuge erkannt hat. Dann beziehen sich das „ἀνὴρ ἁμαρτωλός εἰμι, κύριε," und das Niederfallen vor Jesus auf die Erinnerung an die Verleugnung und auf das neue, überirdische, übermenschliche Wesen des Auferstandenen. Da wir gesehen haben, dass die ganze Geschichte vom wunderbaren Fischzug ohnehin nicht gut ohne Beziehung zum alten Markusschluss sein kann, so spricht eine gewisse Wahrscheinlichkeit auch für diese Auffassung dessen, was Petrus redet und thut. Sind wir hiermit auf einer richtigen Spur, so ergiebt sich von hier endlich auch ein Fingerzeig, was es mit den beiden getrennten Erscheinungen vor Petrus und den „Zwölf" auf sich hat, die Paulus 1 Kor. 15 voraussetzt. Jesus wäre nach Luk. 5 selber in dem Fahrzeug des Petrus gewesen, als er ihm erschien, nicht, wie es in Joh. 21 heisst, am Ufer, während Petrus mit seinen Gefährten allein auf dem See war. Ob Jakobus und Johannes — sie kommen auch in Joh. 21 vor, ebenso wie auch die μέτοχοι ἐν τῷ ἑτέρῳ πλοίῳ den übrigen Gefährten des Petrus dort entsprechen — mit Petrus in demselben Boote waren, ist aus der Erzählung Luk. 5 nicht deutlich; wenn aber Petrus bittet: „Herr, gehe hinaus von mir," so ist es möglich, dass in der ursprünglichen Gestalt dieser Überlieferung Jesus und Petrus ganz allein waren, als die Erkennungsszene auf dem See erfolgte. Indes sei diesen und ähnlichen Mutmassungen nicht weiter nachgegangen. Wie sehr Alles in Joh. 21 umgestaltet ist, das wird nun noch deutlicher, als es bisher war. Ersichtlich hat der Autor dort das Bestreben, den Petrus auf Kosten des Johannes soweit wie möglich zurücktreten zu lassen, wie sich das auch darin zeigt, dass dort nicht Petrus, sondern „der Jünger den Jesus lieb hatte" die Gestalt am Ufer zuerst erkennt. Auch die Bemerkung Joh. 21, 11, das Netz sei nicht zerrissen, ist eine direkte Korrektur von Luk. 5, 7. Dieses Zerreissen und Nichtzerreissen ist übrigens sehr wahrscheinlich hier wie dort als eine geschichtliche Allegorie gemeint; ebenso ist die Zahl von 153 Fischen bei Johannes sicher symbolisch. Im übrigen wird auf das 21. Kapitel im zweiten Teile dieser Arbeit, wo es sich vorzugsweise um die innere Entwicklungsgeschichte der Auferstehungsberichte handelt, noch in einigem zurückzukommen sein. Was den echten Markusschluss aber anbetrifft, so wird man an der Wahrscheinlichkeit festhalten dürfen, dass sich in Luk. 5, 4—10 Elemente von ihm erhalten haben, die einen gewissen Rückschluss auf die Erzählung, wie sie dort aussah, zulassen. Mit minderer, wenn auch nicht ganz geringer Wahrscheinlichkeit wird endlich auch das Herrnwort in Matth. 16, 17—19 ebendorthin zu verweisen sein.

Die Ergebnisse der kritischen Arbeit an dem vorhandenen Material sind bisher folgende gewesen: 1. Über die Erscheinungen Jesu nach seiner Auferstehung hat es eine bestimmte, im letzten Grunde direkt auf Petrus zurückgehende Überlieferung mit dem öfters dargelegten Inhalte gegeben. Diese Überlieferung ist in dem verlorenen Markusschluss historisch enthalten gewesen; kerygmatisch gefasst, tritt sie noch in 1 Kor. 15 zu Tage. 2. Diese petrinische Überlieferung hat sich nicht behaupten können; vielmehr ist eine ganz andere Tradition über die Auferstehungserscheinungen herrschend geworden. Dieselbe beruht für uns auf einer Gruppe kleinasiatischer Zeugen aus der letzten Zeit des 1. Jahrhunderts. Die direkte Folge des Zusammenstosses der beiden Überlieferungstypen ist das Schicksal, welches der ursprüngliche Markusschluss erlitten hat.

Es giebt nun sowohl innerhalb der beiden grossen Traditionsstämme, als auch neben ihnen noch eine ganze Reihe von besonderen, einzelnen Zügen und Berichten über die Auferstehung und die Erscheinungen Jesu, die gleichfalls auf ihren Ursprung und ihre Bezeugung hin geprüft werden müssen. Allerdings ist es notwendig, nach dieser Richtung hin eine bestimmte Grenze zu finden — es soll daher 1. alles erwiesenermassen Gnostische und 2. alles dasjenige, was in evidenter Weise den Charakter späterer litterarischer Kompilation und abstruser Legendenbildung an sich trägt, hier ausgeschieden werden.

Zunächst kommen die kanonischen Evangelien in Betracht. Wir haben schon gesehen, wie an zwei Stellen eine merkwürdige gegenseitige Durchkreuzung der petrinischen und der Presbytertradition in je ein und demselben Evangelium stattfindet: Matth. 28, 8—10 und Luk. 24, 34. Repräsentiert Matth. 28 im ganzen ohne Zweifel den petrinischen Typus, wenn auch bereits in stark getrübter Weise, so haben wir doch deutlich gesehen, wie in V. 8 plötzlich eine dem direkt entgegengesetzte Voraussetzung eintritt: eben die kleinasiatische Anschauung von der Lage der Jünger nach der Gefangennahme und Hinrichtung Jesu. Es ist wohl nicht unwahrscheinlich, dass wir es in V. 8 und den mit ihm zusammenhängenden Versen 9 und 10 mit einer nachträglichen, einen bestimmten Zweck verfolgenden Korrektur an dem bereits fertigen Evangelium zu thun haben; indes mag diese Frage hier noch auf sich beruhen, da es in einem späteren Zusammenhange notwendig werden wird, auf sie zurückzukommen.

Anders scheint es mit Luk. 24, 34 zu stehen. Das Bekenntnis ὅτι ὄντως ἠγέρθη ὁ κύριος steht, wie wir sahen, in einem so flagranten Widerspruch zu dem Benehmen der Jünger, als Jesus ihnen gleich darauf wirklich erscheint — und dazu kommt noch eine vorhergegangene Erscheinung des Auferstandenen vor Petrus allein am Sonntage in Jerusalem, wie sie hier angenommen werden müsste! — dass geradezu ein Rätsel vorliegt. Am nächsten liegt es noch, anzunehmen, dass hier eine bekannte und gebräuchliche, auf ein Apostelzeugnis von der Auferstehung zurückgeführte Formel in die Erzählung des Herganges hineingeraten ist, ohne dass derjenige, der sie hier einfügte, sich des Widerspruches bewusst wurde, in dem die Gesamtdarstellung des Evangeliums zu dem — zumal an dieser Stelle — eingesprengten Satze stand. Wenn wir nun also sehen, dass der Vers 34 notwendigerweise ein aus dem Zusammenhang gerissenes, fremdes Gut ist, das sich auf keine Weise in die Erzählung hineinfügt, in die es hier auf ganz mechanische Weise gestellt ist, dann ergiebt sich aber, dass wir in ihm ein selbständiges Zeugnis vor uns haben, das folgendes besagt: Jesus ist nach seiner Auferstehung am ersten dem Petrus erschienen. Damit ist gegeben, wo dieses Zeugnis hingehört: in die petrinische Traditionsreihe, die wir bei Markus und Paulus kennen gelernt haben. In der johanneisch-lukanischen Überlieferung ist für eine solche Anschauung überhaupt kein Platz, dagegen stimmt sie selbst im Ausdruck fast wörtlich mit dem ὅτι ἐγήγερται . . . καὶ ὅτι ὤφθη Κηφᾷ in 1 Kor. 15 überein.

Als der V. 34 — am ehesten doch wohl von dem Verfasser des Lukasevangeliums selbst — in den Zusammenhang, in dem er jetzt steht, aufgenommen wurde, da war man sich offenbar garnicht mehr darüber klar, dass diese Formel ursprünglich ein lebendiges Glied innerhalb einer Überlieferung gewesen war, die zu der lukanischen in ausgesprochenem Gegensatze stand. Sie ist wie ein Petrefakt im neugebildeten Gestein, wie ein zur Arabeske gewordenes, aber einst organisch gewesenes Gebilde — als solches aber gerade ein sicherer Beweis dafür, dass einst eine andere Form der Überlieferung lebendig gewesen war, als zu der Zeit, da man dies alte, charakteristisch geformte

Werkstück in einen Bau ganz neuen, fremden Stiles einsetzte. Wir wissen es also nicht mehr, auf welchem Wege der 34. Vers in Luk. 24 hineingeraten ist — so wie er darin steht, ist er aber ein Beweis dafür, dass eben an jener Stelle die kleinasiatische Auferstehungstradition auf den Trümmern der altjerusalemischen zur Geltung gekommen war.

Wir haben uns bisher ausschliesslich auf dem Boden der Frage bewegt: **Wo und in welcher Art fanden die für den Glauben der Jünger entscheidenden Erscheinungen Jesu nach seiner Auferstehung statt?** Der Vorgang der Auferstehung selbst ist bekanntlich in den kanonischen Evangelien mit der grössten Zurückhaltung behandelt — oder richtiger gesagt, er ist überhaupt nicht behandelt worden. Über das Engelwort: „Er ward auferweckt" hinaus erfahren wir nichts; das „Wie" ist nirgends beschrieben. Die einzige scheinbare Ausnahme bildet, wenn man will, Matth. 28. Hier heisst es, als die Frauen früh morgens zum Grabe gingen, sei ein grosses Erdbeben geschehen: ἄγγελος γὰρ κυρίου καταβὰς ἐξ οὐρανοῦ καὶ προσελθὼν ἀπεκύλισεν τὸν λίθον καὶ ἐκάθητο ἐπάνω αὐτοῦ. Das geschieht offenbar angesichts der Frauen, denen der Engel alsbald den Bescheid giebt: „Ich weiss, wen ihr sucht, Jesus den Gekreuzigten. Der ist nicht hier, denn er ward auferweckt — seht hier den Ort, wo er lag." Aus dieser Erzählung ergiebt sich, dass keineswegs der Hergang der Auferstehung angedeutet werden soll, als ob etwa das Erdbeben oder der Engel, der es verursachte, das verschlossene Grab gesprengt hätte, damit Jesus daraus hervorgehe. Vielmehr sieht man, dass die Auferstehung selbst von dem Abwälzen des Steines unabhängig gedacht ist. Allerdings erhebt sich dann die Frage: Wozu entfernt denn der Engel den Stein von dem Grabe? Man könnte meinen, es geschehe dazu, um den Frauen, die doch selber das Grab nicht öffnen konnten, den Beweis zu liefern, dass es wirklich leer sei; aber bevor man sich mit dieser

Erklärung zufrieden giebt, müsste man wissen, ob wir es in dieser Erzählung mit einer primären Legendenbildung zu thun haben oder mit einer Zurückschneidung allzu phantastischer Triebe auf ein mit dem besonnenen Tenor des Evangeliums verträgliches Maass. Im Grunde ist es doch wahrscheinlicher, dass der Engel und das Erdbeben ursprünglich die Kräfte waren, durch die man sich das Grab für das Hervorgehen des Auferweckten geöffnet dachte. Wenn die älteste Generation der Gläubigen Jesu, zumal auf palästinensischem Boden, je darüber reflektierte, welches wohl die näheren Umstände gewesen sein mögen, unter welchen der Jesus, der sich dem Petrus und den Zwölf als der Auferstandene offenbart hatte, von Gott aus dem Grab, in das er gelegt war, auferweckt worden sei, so lag es für den Vorstellungskreis jener Menschen am nächsten, ja es war ihnen wohl das einzig Naheliegende, dass Gott seinen Engel oder seine Engel zum Dienst an diesem Werke gesandt habe. Ebenso natürlich ist dann die Vorstellung, dass ein Engel am offenen Grabe verblieb, um dann den Frauen, wenn sie kamen, zu verkünden, was geschehen war. Wir haben im Petrusevangelium (V. 35—44) eine allerdings ziemlich verworrene und schlecht überlieferte, aber breite Ausmalung des Herganges der Auferstehung, die uns zeigt, dass dieses etwa die Ideenverbindung war, die man sich in betreff dieser Sache machte. Es ist ganz unverkennbar, dass die Schilderung im Petrusevangelium und die Andeutung des Ereignisses bei Matthäus auf ein und denselben Vorstellungstypus zurückgehen. Nur hat an der einen Stelle die Phantasie des Erzählers skrupellos gewuchert, während an der anderen eine dankenswerte Zurückhaltung den Evangelisten dazu bewogen hat, die realistischen Züge der populären Legende zu verwischen. Mit dem Petrusevangelium oder seinen Quellen hängt auch der Zusatz zu der bobbiensischen Italahandschrift bei Mark. 16, 4 zusammen, den Harnack (Texte u. Unters. IX, S. 46) erwähnt. Erzählt hat man sich solche Dinge über die Auferstehung sicher schon in der allerersten Zeit; dass dergleichen Phantasiegebilde, die auf keinerlei Spur von glaubwürdiger Bezeugung ruhen konnten, in der aufgezeichneten und später authentisch gewordenen Überlieferung keinen Platz gefunden haben, kann uns ein beruhigendes Zeugnis für den Geist sein, der über der Gestaltung des evangelischen Geschichtsbildes gewaltet hat. In den übrigen Evangelien, ausser Matthäus, hat nicht einmal das Platz gefunden, was selbst der Verfasser des Matthäusevangeliums noch aufnahm; vielmehr nur die Gestalt des am Grabe gebliebenen, den Frauen die Auferstehung verkündenden Engels.

Es bleibt nun an Auferstehungsgeschichten innerhalb der kanonischen Evangelien nur noch die Grabeswache bei Matthäus übrig, die ja gleichfalls eine Parallele in der Erzählung des Petrusevangeliums hat. Über dieses Stück wird es aber zweckmässiger sein, in einem anderen Zusammenhang zu handeln, denn es ist unlöslich verbunden mit der Frage nach der Historizität des offenen, leeren Grabes und nach der etwaigen Beeinflussung der Auferstehungsberichte durch das Bestreben, die Thatsache der Auferweckung Jesu, laut werdenden Zweifeln gegenüber, als glaubhaft zu behaupten.

Es bleibt uns nun noch übrig, eine Reihe ausserkanonischer Auferstehungsgeschichten und Fragmente von solchen zu durchmustern. Erst wenn das geschehen ist, wird sich ein Versuch wagen lassen, zu erklären, welcher Art etwa die innere Entwicklungsgeschichte gewesen sein mag, welche die Tradition über die Auferstehung Jesu durchgemacht hat. Es kommen vorher noch in Betracht: 1. Tatians Diatessaron; 2. das Hebräerevangelium; 3. ein jüngst entdecktes koptisches Stück über die Auferstehung; 4. die acta Pilati.

Das Diatessaron muss einen Auferstehungsbericht gehabt haben, der neben dem bekannten, aus den kanonischen Evangelien genommenen Material einige merkwürdige Züge enthalten hat, von denen wir nicht wissen, woher sie stammen. Zahn (Forschungen zur Geschichte des neutestamentlichen Kanons Bd. 1) hat die Arbeit gethan, Tatians Werk, soweit es heute möglich ist, zu rekonstruieren; er ist aber über das Problem der Auferstehungsgeschichte des Diatessarons kurz hinweggegangen.

Man kann aber nicht daran zweifeln, dass hier eine Überlieferung hineingearbeitet worden ist, der auf die Spur zu kommen höchst wichtig wäre. Es handelt sich um folgendes: 1. unter den Frauen, die in der Frühe des dritten Tages das Grab aufsuchten, war auch Maria, die Mutter Jesu. Diese erfuhr von Engeln am Grabe die Botschaft: Er ist auferstanden und hingegangen zu dem, der ihn gesandt hat — aber sie glaubte dem nicht. 2. Jesus hat nach der Auferstehung seine Jünger in Kapernaum versammelt; wahrscheinlich hat er ihnen dabei den Aussendungs- und Taufbefehl erteilt, auch scheint etwas von einer Ausrüstung der Apostel mit Öl ebendaselbst gestanden zu haben (vgl. zu beiden Punkten Zahn, S. 217 ff.). Für die Rekonstruktion des Diatessarons sind wir bekanntlich in erster Linie auf den Kommentar Ephraems des Syrers angewiesen, der aber nur in einer armenischen Übersetzung erhalten ist. Diese ist ins Lateinische übertragen von dem Mechitaristen Aucher und herausgegeben von Mösinger.[1]) Ich habe unter dem freundlichen Beistande des Herrn Professors Hübschmann in Strassburg die Übersetzung Auchers mit der armenischen Ausgabe des Ephraem (Venedig 1836) verglichen; sie wurde in allem Wesentlichen treu gefunden.

Es heisst im Kommentar zum Diatessaron zunächst (p. 267), Maria sei früh morgens zuerst zum Grabe gegangen, als Jesus bereits auferstanden war. Darauf muss im Diatessaron die Episode mit den Grabeswächtern gefolgt sein und alsdann ein Engelwort an Maria am offenen Grabe über die Auferstehung. Es kann aber nicht ein, sondern es müssen mehrere Engel (offenbar die zwei aus Joh. 20, 12) dabei gewesen sein, wie aus der Ausdrucksweise des Aphraates hervorgeht, der in

---

[1]) Evangelii concordantis expositio facta a S. Ephraemo, Doctore Syro etc. Venedig 1876.

seinen Homilieen gleichfalls das Diatessaron benutzt hat[1]) (Zahn p. 217, 218). Nun ist zweierlei merkwürdig: Diese Maria im Diatessaron kann nicht die Magdalena gewesen sein, sondern Maria die Mutter Jesu, und ferner geht aus Ephraem deutlich hervor, dass sie der Engelbotschaft geradezu Unglauben entgegen gebracht hat. Das Erste ist um so befremdlicher, als Tatian von ihr genau dieselbe Geschichte erzählt hat, die Joh. 20, 15—17 von der Magdalena berichtet: sie habe den Auferstandenen am Grabe erblickt und erst für den Gärtner gehalten, dann ihn erkannt und ihn anfassen wollen (Mösinger p. 268 ff.). Zahn (p. 217) meint, Ephraem verwechsle hier die Magdalena mit der Mutter Jesu — das ist aber nicht anzunehmen. Zunächst handelt es sich um folgendes: Der Kommentator sucht nach einer Erklärung dafür, weshalb wohl Jesus der Maria gesagt haben möge: „Rühre mich nicht an." Nachdem er dafür drei verschiedene Gründe angeführt hat (Mösinger p. 268 f.), fährt er fort, indem er sagt, Jesus habe es auch deshalb gethan, weil sie (auf das Wort der Engel hin) gezweifelt habe, dass er thatsächlich auferstanden sei. Freilich macht nun dem Kommentator die Thatsache Skrupel, dass doch auch Thomas gezweifelt habe und doch den Herrn berühren durfte. Vielleicht, meint er, hinge das Verhalten Jesu gegen Maria damit zusammen, dass er sie ja dem Johannes an seiner Statt übergeben habe. Übrigens habe sich schon das Wort Luk. 2, 35 „Dir selbst wird ein Schwert durch die Seele dringen" auf diesen Moment bezogen — das Schwert sei eben die „Verleugnung" angesichts der Botschaft von der Auferstehung! (Im Armenischen steht in der That dieser auffallend starke Ausdruck für den Unglauben der Maria *ուրացութ*). Es sei also weder das erste Zeichen, das Jesus that (scil. auf der Hochzeit zu Kana) noch „der Anfang der Unterwelt"[2]) ohne

---

[1]) Mir leider nicht zugänglich gewesen.
[2]) Aucher und Mösinger übersetzen: „initium sepulcri". Das Wort heisst aber „Unterwelt", Hölle (*դժոխք*).

seine Mutter gewesen (Mösinger p. 269, 270). Was mit dem letzteren merkwürdigen Ausdruck gemeint ist, kann dahingestellt bleiben — jedenfalls ist unmöglich daran zu zweifeln, dass Ephraem keineswegs durch eine blosse Verwechslung, sondern mit vollkommenem Bewusstsein hier nicht von Magdalena redet, sondern von Jesu Mutter. Zum Überfluss wird noch aus zwei anderen Stellen des Kommentars dasselbe deutlich. Zu der Luk. 2, 35 entsprechenden Stelle (Mösinger p. 29) bemerkt Ephraem nämlich gleichfalls, das Schwert, das durch Marias Seele dringe, werde die Verleugnung sein, und wo er von der Zurückweisung der Maria durch Jesus auf der Hochzeit zu Kana redet (Mösinger p. 54), sagt er: „So geschah es auch nach dem Siege, den er über die Hölle davongetragen hatte, als die Mutter ihn umarmen wollte."

Es wäre absurd, einem Manne wie Ephraem zuzutrauen, er habe eine solche Idee aus biblischer Unwissenheit vorgetragen. Ebenso ausgeschlossen ist nach dem Angeführten eine unabsichtliche Verwechslung. Dann aber hat die ganze Erzählung, so wie sie der Kommentar voraussetzt, bei Tatian gestanden, denn von sich aus konnte im 4. Jahrhundert Ephraem unmöglich mehr auf dergl. Gedanken kommen; er musste die Sache notwendig in der Evangelienschrift finden, die ihm Autorität war und die er kommentierte.

Freilich entsteht nun die Frage: hat Tatian wirklich genau dieselbe Geschichte, die bei Johannes von Magdalena erzählt wird, von der Mutter Jesu gekannt? Oder hat er eine Überlieferung, welche diese Maria am Grabe Jesu sein und dort ungläubig die Engelbotschaft empfangen liess, mit der Erzählung von Magdalena harmonisiert? Man wird nichts Bestimmtes darauf sagen können, aber die Sache giebt mancherlei zu denken! Wem fiele nicht sogleich die vollständige Verwirrung ein, die sowohl sachlich als auch textkritisch über die Namen der Frauen herrscht, die früh am dritten Tage zum Grabe gingen? Wie soll ein Mann wie Tatian dazu kommen, eine so geradezu beklemmende und unerhörte Geschichte in sein Evangelienbuch zu bringen, wenn er nicht die stärksten Gründe dafür hatte, sie für authentisch zu halten? Wie alt und wie bezeugt musste diese Überlieferung von der Mutter Jesu sein, wenn sie in der zweiten Hälfte des 2. Jahrhunderts in ein kirchliches Evangelienbuch kam und noch im 4. Jahrhundert in derselben Kirche anstandslos hingenommen wurde! Dazu kommt, dass sie in ganz frappanter Weise mit dem Bilde stimmt, das wir auch sonst mehrfach in den Evangelien von dem Verhältnis zwischen Jesus und seiner Familie, wenn auch zum Teil abgeblasst und übermalt, erhalten. Indes, ich will nach dieser Richtung nicht weiter gehen; fest steht jedenfalls, dass Tatian hier eine sonst spurlos verlorene Tradition über die Auferstehung aufgenommen hat und bezeugt.

Ähnlich, wenn auch nicht so überraschend, steht es mit dem zweiten Punkt; der Erscheinung Jesu vor den Jüngern in Kapernaum. Im Diatessaron ist nach der Scene mit Maria am Grabe, wie es scheint, die Geschichte von den Emmauten erzählt worden; alsdann die Erscheinungen, bei denen es sich um den Zweifel des Thomas handelte und die Episode Joh. 21 (Zahn p. 217 f.). Alsdann geht Ephraem (Mösinger p. 272 f.) auf eine Erörterung über den Trost ein, den Christus in die Welt gebracht habe, die er mit folgendem Satze beginnt: „Dominus oleum symbolum nominis sui discipulis suis dedit, simul indicans, se totum esse cum singulis eorum"; und weiterhin: „Consolationem ergo, quae prius iam disposita erat, in effectibus nobis dedit per resurrectionem suam, et cum discipulos suos in Capharnaum, urbe consolationis, congregasset". Statt „oleum" liest ein anderer Ephraemkodex „unctionem"; man könnte also fragen, ob vielleicht eine Salbung der Apostel durch Jesus vorausgesetzt wird, aber Sicheres lässt sich nicht sagen. Sehr bestimmt dagegen ist die andere Aussage: den Trost, der schon früher vorbereitet war (und von dem Ephraem unmittelbar vorher spricht), den hat Jesus uns durch seine Auferstehung gegeben, und als er seine Jünger in Kapernaum, der Stadt des Trostes, versammelt hatte. Damit wird auf diese Versammlung der Jünger durch Jesus nach seiner Auferstehung in Kapernaum als auf etwas Bekanntes bezug genommen. Offenbar hat also die kommentierte Schrift die Sache selbst berichtet, und zwar muss das ganz kurz vorher gestanden haben, anscheinend doch wohl im Zusammenhang mit dem Öl, resp. der Salbung. Unmittelbar darauf scheint gestanden zu haben: „Gehet in die ganze Welt und taufet sie (eos) im Namen des Vaters, des Sohnes und des heiligen Geistes u. s. w." Da dieser Taufbefehl nicht schon bei dem früheren Erscheinen Jesu vor dem Jüngerkreise gebracht worden ist, so bleibt kaum etwas anderes übrig, als dass er nach dem Diatessaron bei dieser Versammlung zu Kapernaum erteilt wurde.

Mit dieser durch Tatian bezeugten Überlieferung sind wir aber wieder auf verhältnismässig bekannterem Boden. Es ist die petrinische Tradition, die hier zu Grunde liegt, und es ist geradezu wahrscheinlich, dass es sich hier um einen Bericht über die Erscheinung Jesu vor τοῖς δώδεκα im Kerygma des Paulus handelt, denn diese muss einerseits in Galiläa vorsichgegangen sein und setzt andererseits ein Zusammensein des ganzen Apostelkreises voraus. Beides haben wir hier bei Tatian. Wie der Zusammenhang zwischen dem Diatessaron und der petrinischen Überlieferung vermittelt zu denken ist, ob etwa der echte Markusschluss auch die Erscheinung in Kapernaum enthalten hat, und Ähnliches, muss leider im Ungewissen bleiben; die letztere Möglichkeit ist wenigstens nicht schwer anzunehmen. Natürlich kann eine Erscheinung vor den Zwölf in Kapernaum ursprünglich auf keinen Fall nach einer oder mehreren in Jerusalem erzählt worden sein. In einer Evangelienharmonie wie der Tatians musste sie aber an eine solche Stelle rücken und erhielt da selbstverständlich den Platz hinter dem Vorgang am galiläischen See in Joh. 21, aber es ist evident, dass sie auch an sich enge mit dieser Scene resp. der Tradition, aus der dieselbe stammt, zusammenhängen muss, und ferner, dass sie ihrer Natur nach an den Anfang der Erscheinungen des Auferstandenen gehört.

Hat nun Tatian etwa ein fünftes Evangelium, das uns verloren ist, für die Auferstehungsgeschichte benutzt? Es ist ein merkwürdiger Zufall, dass Victor von Capua das Diatessaron nicht so, sondern Diapente nennt — aber hier eine Verbindung herzustellen, dürfte doch unmöglich sein; Victor kann nicht gut eine wirkliche Kunde solcher Art gehabt haben.

Wir wenden uns nun den Fragmenten über die Auferstehung aus dem Hebräerevangelium zu. Es ist sehr zu bedauern, dass wir diesen Auferstehungsbericht des Hebräerevangeliums nicht mehr besitzen — mit Ausnahme zweier Bruchstücke. Das erste steht bei Hieronymus (de vir. inl. 2) und besagt, das Hebr. Ev. habe folgendes „post resurrectionem salvatoris" erzählt: „Dominus autem cum dedisset sindonem servo sacerdotis, ivit ad Jacobum et apparuit ei; iuraverat enim Jacobus, se non comesturum panem ab illa hora qua biberat calicem dominus[1]), donec videret eum resurgentem a dormientibus." Ein wenig weiter habe Jesus dann gesagt: „Afferte mensam et panem", und gleich darauf habe es geheissen: „Tulit panem et benedixit ac fregit et dedit Jacobo Justo et dixit: frater mi, comede panem tuum, quia resurrexit filius hominis a dormientibus."

Das zweite Fragment steht bei Ignatius im Briefe an die Smyrnäer, cap. 3, 2: Καὶ ὅτε πρὸς τοὺς περὶ Πέτρον ἦλθεν, ἔφη αὐτοῖς· λάβετε, ψηλαφήσατέ με καὶ ἴδετε, ὅτι οὐκ εἰμὶ δαιμόνιον ἀσώματον. Καὶ εὐθὺς αὐτοῦ ἥψαντο καὶ ἐπίστευσαν κτλ." Wieweit Ignatius direkt citiert, lässt sich nicht bestimmt sagen; es kommt auch nicht sehr viel darauf an, da das angeführte Wort Jesu allein das Entscheidende ist (dasselbe ist übrigens auch im Kerygma Petri bezeugt). Eusebius (K. G. III, 36, 11) hat nicht gewusst, woher dieses Citat stammt, aber Hieronymus (de vir. inl. 16) sagt, Ignatius habe es aus dem Evangelium, „quod nuper a me translatum est", und an einer

---

[1]) So ist offenbar zu lesen statt domini. Vgl. Harnack, Chronol. z. altchristl. L. p. 650 A. 1.

anderen Stelle (in Jes. prolog. lib. 18) bemerkt er, in dem Evangelium „quod Hebraeorum lectitant Nazaraei" stehe an Stelle des Ausdrucks in Luk. 24, 39 (videte, quia Spiritus carnem et ossa non habet) vielmehr „incorporale daemonium".

Dieses eben genannte zweite Fragment zeigt, dass der Auferstehungsbericht des Hebräerevangeliums Verwandtschaft mit dem kleinasiatischen Typus gehabt hat, insofern auch nach ihm Jesus dem Schrecken und Zweifel der Jünger an der Realität seiner Erscheinung durch den Hinweis auf die offenbare Sinnenfälligkeit seines Leibes begegnet ist. Wenn wir weiter bei Ignatius lesen, er habe alsdann noch mit den Seinen gegessen und getrunken, so kann das möglicherweise, wenn es auch nicht sicher ist, gleichfalls aus demselben Evangelium stammen. Betreffend das Wo der Erscheinung, ist es wohl am natürlichsten, sie als in Jerusalem geschehen zu denken, zumal die erste, vor Jacobus, nach dem Text mit Notwendigkeit dorthin verlegt werden muss. Diese Erscheinung vor Jacobus ist deshalb so wichtig, weil sie auch durch Paulus in 1. Kor. 15 bezeugt wird. Freilich hat sie das Hebräerevangelium im Widerspruch mit Paulus an die erste Stelle gerückt und mit unfraglich legendarischen, sekundären Zutbaten versehen. Dass Jesus sein Gewand einem Diener des Hohenpriesters giebt, lässt darauf schliessen, dass eine Wache am Grabe war und dass sie nicht oder nicht nur aus römischen Soldaten bestand. Hierin stimmt die Darstellung also mit dem Petrusevangelium in erster, mit Matthäus in zweiter Linie. Ob und welche weiteren Erscheinungen Jesu noch berichtet waren, lässt sich nicht sagen; ebensowenig auch, ob neben Jerusalem Galiläa gleichfalls berücksichtigt war oder ob in Bezug auf die Ortsfrage die kleinasiatische Anschauung durchweg herrschte.

Einen sehr späten und apokryphen, aber in mehrfacher Hinsicht doch wichtigen Auferstehungsbericht hat neuerdings Carl Schmidt in koptischer Sprache in Ägypten entdeckt

(Sitzungsberichte der Königlich Preussischen Akademie der Wissenschaften, 1895, S. 705—711; behandelt von Harnack in: Theologische Studien, Bernhard Weiss zum 70. Geburtstage dargebracht). Nach dieser Darstellung gehen Maria, Martha und Maria Magdalena in der Frühe zum Grabe und finden es leer. Da erscheint ihnen Jesus und erteilt ihnen den Auftrag, eine von ihnen solle den Jüngern die Auferstehung des Meisters verkünden. Das Ganze ist als eine direkte Erzählung der Jünger selbst gehalten, und es heisst nun weiter: „Martha ging und sagte es uns. Wir sprachen zu ihr: Was hast du mit uns zu schaffen, o Weib? Der welcher starb, ist begraben, und es ist unmöglich, dass er lebt. Nicht glaubten wir ihr, dass der Erlöser von den Toten auferstanden wäre." Martha kehrt zum Grabe zurück und berichtet, sie habe keinen Glauben gefunden. Da schickt Jesus die Maria, aber der ergeht es bei den Jüngern nicht besser. Schliesslich macht der Herr sich selber auf, aber da die Jünger ihn erblicken, halten sie ihn für ein Gespenst und glauben nicht, dass es der Herr sei. Da schilt Jesus sie und den Petrus insbesondere, und fordert Petrus, Thomas und Andreas namentlich auf, seine Wunden und seinen Leib zu berühren. Da stürzen sie vor ihm nieder und bekennen die Sünde ihres Unglaubens.

Dass wir es hier mit einer freien Phantasie zu thun haben, bedarf keines Beweises. Harnack hat in überzeugender Weise dargethan, dass diese Erzählung in der zweiten Hälfte des 2. Jahrhunderts entstanden zu denken ist. Sie gehört ganz und gar dem kleinasiatischen Typus an: Erscheinungen am dritten Tage vor den Frauen und den versammelten Jüngern in Jerusalem, aber sie schaltet in vollkommen willkürlicher und freier Weise mit dem dort gegebenen Material. Immerhin ist es ein wirklicher Auferstehungsbericht, der den Anspruch erhebt, eine selbständige Darstellung, und zwar die authentische, des Herganges selbst zu sein. Es kann also nicht mit einer Arbeit wie der Tatians verglichen werden. Gerade dieses späte Stück wird uns aber noch sehr werthvoll werden für die Erörterung des Problems der inneren Entwickelung der Auferstehungsberichte. Harnack wirft (S. 8) die Frage auf, ob der koptische Fund vielleicht mit der Darstellung des Ägypterevangeliums, die wir nicht kennen, verwandt ist? Man wird das für leicht möglich halten müssen. Der möglicherweise enkratitisch gefärbte Charakter des Ägypterevangeliums ist kein Hindernis; im übrigen erinnert die Szene, da Jesus den Jüngern erscheint, an das δαιμόνιον ἀσώματον des Hebräerevangeliums — es heisst im koptischen Text, die Jünger hätten geglaubt, eine φαντασία (griechisch geschrieben) zu sehen.

Wir wenden uns nun zu dem letzten der zu behandelnden Berichte: dem in den acta Pilati enthaltenen. Diese bieten folgendes (Tischendorf, evang. apocr. p. 242): Nach der Auferstehung Jesu kommen ein Priester, ein Schriftgelehrter und ein Levit von Galiläa nach Jerusalem und erzählen dort, ὅτι εἴδομεν τὸν Ἰησοῦν καὶ τοὺς μαθητὰς αὐτοῦ καθεζόμενον εἰς τὸ ὄρος τὸ καλούμενον Μαμίλχ, καὶ ἔλεγεν τοῖς μαθηταῖς αὐτοῦ· „πορευθέντες εἰς τὸν κόσμον ἅπαντα κηρύξατε πάσῃ τῇ κτίσει etc. — folgt fast buchstäblich Mark. 16, 16—18" — ἔτι τοῦ Ἰησοῦ λαλοῦντος πρὸς τοὺς μαθητὰς αὐτοῦ εἴδομεν αὐτὸν ἀναληφθέντα εἰς τὸν οὐρανόν. Die Rezension B der Pilatusakten verkürzt das Ganze sehr und macht aus dem Berge Mamilch den Oelberg, der aber gleichfalls in Galiläa liegen soll. Diese Erzählung macht den Eindruck, als ob sie aus Matthäus 28, 16 und Pseudomarkus 16, 15—19 komponiert sei. Neu ist nur der Name des Berges, der übrigens unter diesem und allerhand zum Teil ähnlichen, zum Teil abweichenden Namen öfters in der gnostischen Literatur vorkommt, wo von dem Verkehr des Auferstandenen mit seinen Jüngern geredet wird. Auf den Namen ist aber garnichts zu geben und im übrigen wird es auch nicht möglich sein, auf die ganze fabulierende Erzählung, die hier nur mit Material arbeitet, das aus den kanonischen Evangelien stammt, etwas Wert zu legen. Hier eine selbständige Bezeugung der petrinisch-galiläischen

Überlieferung zu sehen, ist nicht gut möglich, zumal wenn man bedenkt, wann, nach allem was wir wissen, die acta Pilati geschrieben sind.[1])

Mit dem Vorstehenden dürfte einigermassen erschöpft sein, was wir an zu erwähnenden Relationen über Auferstehung und Erscheinungen besitzen — mit Ausnahme desjenigen Materials, an dem Paulus noch abgesehen von 1. Kor. 15, sei es als Quelle in den Briefen, sei es als Held der Erzählung in der Apostelgeschichte, beteiligt ist. Diese Stellen werden in dem nunmehr folgenden Abschnitt zu behandeln sein.

Wenn wir uns fragen: Welches ist das unter allen Auferstehungsgeschichten kritisch beobachtet am besten bezeugte Stück? — so muss die Antwort darauf lauten: Es ist dieses, dass am Morgen des dritten Tages das Grab Jesu leer gefunden ward. Nicht nur die beiden sonst verschiedenen, ja einander ausschliessenden Typen der Auferstehungsberichte, die petrinische und die Presbytertradition, treffen in diesem Punkte vollkommen zusammen, sondern es giebt noch ausserdem eine von beiden Versionen unabhängige, wenn auch legendarische Überlieferung, die sich nur unter der Voraussetzung erklären lässt, dass der Befund des leeren Grabes in ältester Zeit als eine nicht weiter zu bezweifelnde Thatsache galt. Wir haben bereits am Anfang dieser Schrift gesehen, dass Paulus 1. Kor. 15 mit dem ὅτι ἐγήγερται τῇ ἡμέρᾳ τῇ τρίτῃ so zu verstehen ist, dass er damit indirekt gleichfalls das leere Grab bezeugt; denn wenn sein Kerygma auf die petrinische Überlieferung zurückgeht, so war das ὤφθη Κηφᾷ, ἔπειτα τοῖς δώδεκα in Galiläa und somit später als am dritten Tage geschehen; haben aber Petrus und die Zwölf am dritten Tage noch nicht die Erfahrung der Auferstehung gemacht, so müssen sie nachträglich erfahren haben, dass sie auf

---

[1]) Ich schliesse mich in betreff der Pilatusakten ganz den Ausführungen Harnacks, Chronologie p. 604 ff., an.

diesen Termin fiel — dann aber bleibt nur übrig, dass diejenigen es ihnen erzählt haben, die damals selber das Grab leer gefunden haben. Auf welchem Wege anders der dritte Tag in das Kerygma gekommen sein sollte, ist nicht abzusehen — er müsste denn durch eine spezielle Offenbarung zur Kenntniss der Jünger gekommen sein, was wohl nicht erörtert zu werden braucht. Dass für die Zwecke, die Paulus verfolgte, das leere Grab und vollends seine Bezeugung aus Frauenmund ein nicht geeignetes Argument war, jedenfalls viel weniger geeignet, als die Erscheinung des Auferstandenen selbst vor glaubwürdigen Zeugen ersten Ranges, haben wir bereits zu Anfang gesehen; also kann es nicht befremden, dass Paulus direkt nichts vom leeren Grabe sagt.

Wo fängt nun die Differenz der Berichte an? Wie gezeigt, dort, wo es sich darum handelt, in welcher Verfassung die Anhänger Jesu, speziell deren engerer Kreis, nach der Katastrophe in Jerusalem zurückblieben. Die petrinische Überlieferung setzt voraus, sie seien alle zersprengt gewesen und niemand habe gewusst, wo er den anderen suchen solle; die johanneisch-lukanische dagegen, dass der ganze Kreis geschlossen bei einander blieb. Von diesem Differenzpunkt geht dann alles Weitere total auseinander. Angesichts dieser Thatsache also, dass zwei ganz verschiedene Erzählungsstämme in ein und derselben Wurzel zusammentreffen und von ihr ausgehen, wird man billig anzuerkennen haben, dass wir hier auf einen ausserordentlich festen Grund gestossen sein müssen, auf eine besonders fest dem Boden der Überlieferung eingeprägte Thatsache.

Dazu kommt nun noch die Geschichte von der Grabeswache. Die Grabeswache ist bezeugt 1. durch Matthäus, 2. durch das Petrusevangelium, 3. durch das Hebräerevangelium. Jede dieser drei Schriften hat aber eine andere Version über die Sache. Matthäus sagt, am Tage nach dem Begräbnis hätten οἱ ἀρχιερεῖς καὶ οἱ Φαρισαῖοι von Pilatus die Wache erbeten und den Stein versiegelt; als aber der Engel und das Erdbeben kamen, hätten die Wächter vor Schreck die Besinnung verloren.

Darnach, als die Frauen fortgegangen waren, seien aber einige von den Leuten zu den ἀρχιερεῖς gekommen und hätten erzählt, was geschehen war, jene aber hätten sie überredet, für Geld sich selbst des Schlafens auf Posten, im Dienst, anzuklagen — mittlerweile hätten die Jünger den Leichnam gestohlen. Darnach hätten die Soldaten gethan, wie ihnen gesagt war und jener λόγος von der Entwendung des Leichnams durch die Jünger werde von den Juden „μέχρι τῆς σήμερον" vorgebracht.

Bei dieser Geschichte ist nun Eines unzweifelhaft historische Thatsache: Als das Matthäusevangelium geschrieben wurde, pflegten die Juden den Christen, wenn sie für die Auferstehung auf die Thatsache des leeren Grabes hinwiesen, zu antworten, die Jünger hätten den Leichnam heimlich entfernt. Damit wird natürlich vorausgesetzt, dass die ganze Verkündigung von der Auferstehung seitens der Jünger auf jeden Fall beabsichtigt war und dass sie eben zu dem Zweck, um einen scheinbar evidenten Beweis zu haben, das Grab öffneten und die Leiche entfernten. Man sieht hieraus wiederum, wie misslich eine Berufung auf das offenstehende Grab für die Christen immer werden musste, sobald sie zweifelnden, misstrauischen oder übelwollenden Leuten gegenüberstanden. Hatte es Paulus mit dieser oder jener Art zu thun, so war ihm eben durch die Rücksicht auf das allgemeine jüdische Gerede vom Leichendiebstahl der Hinweis auf das offene Grab so gut wie abgeschnitten.

Der ganze Aufbau der Geschichte bei Matthäus verhält sich nun einfach wie Rede und Gegenrede zwischen Juden und Christen. Die Christen sagen: Jesus ist auferstanden — Beweis das leere Grab. Die Juden: Seine Jünger haben den Leichnam gestohlen. Die Christen: Das ist unmöglich, es lag eine römische custodia vor dem Grabe. Die Juden: Die Leute haben geschlafen. Die Christen: Diese Ausrede haben eure Hohenpriester erst aufgebracht, indem sie die Soldaten bestachen, so auszusagen. Die Wurzel dieser Legendenbildung ist die Behauptung der Juden, die Auferstehung sei ein einfacher Betrug des Volkes durch die Jünger. Dem wurde von Seiten der Christen das angebliche Vorhandensein einer Grabeswache entgegengesetzt, ohne dass aber eine Übereinstimmung über die Art derselben vorhanden gewesen wäre. Nach Matthäus ging, wie gesagt, die Anregung von den „Hohenpriestern" aus, aber die Wache selbst bestand lediglich aus römischen Soldaten; nach dem Petrusevangelium waren es gleichfalls solche, aber $\pi\varrho\varepsilon\sigma\beta\acute{v}\tau\varepsilon\varrho o\iota\ \varkappa\alpha\grave{\iota}\ \gamma\varrho\alpha\mu\mu\alpha\tau\varepsilon\tilde{\iota}\varsigma$ wachten mit diesen zusammen am Grabe (V. 31 u. 38); im Hebräerevangelium endlich ist von einem servus sacerdotis die Rede, dem Jesus, nachdem er auferstanden war, sein Gewand gegeben habe — also waren nicht die jüdischen Obrigkeiten selber in Person am Grabe, sondern nur einer resp. mehrere ihrer Leute. Ob auch das Hebräerevangelium eine römische custodia dasein liess, lässt sich nicht ermitteln. Motiviert wird nun die Wache bei Matthäus damit, dass die Hohenpriester und Pharisäer dem Pilatus zu bedenken gaben: Dieser Verführer hat bei seinen Lebzeiten behauptet, er werde nach drei Tagen auferstehen; es muss notwendig dem vorgebeugt werden, dass die Jünger an dieses Wort einen noch schlimmeren Betrug knüpfen, als jener erste des Hingerichteten selber war — gieb uns daher eine Wache. Man braucht sich diesen angeblichen Vorgang nur vorzustellen, um einzusehen, dass die Sache unmöglich ist. Die Jünger selbst sind auf nichts weniger vorbereitet gewesen, als auf eine Auferstehung am dritten Tage; die Frauen ergriff bei dem Erlebnis am offenen Grabe nichts als Zittern und Entsetzen — also ist es doch deutlich, dass von einem unzweideutigen, selbst nur dem vertrautesten Kreise vorher verständlichen oder doch alsbald erinnerlichen Worte Jesu über seine Auferstehung nicht die Rede gewesen sein kann. Angesichts dessen ist es nicht denkbar, dass die jüdische Behörde so ausdrücklich oder auch nur überhaupt irgendwie mit einem angeblich zu befürchtenden Auferstehungsbetrug gerechnet haben sollte. Für sie war mit der Kreuzigung die Sache erledigt; höchstens, dass man sich noch einige Mühe gegeben haben mag, der hauptsächlichsten Anhänger Jesu habhaft zu werden, wie das Petrusevangelium sehr glaubhafter Weise erzählt. Was mit dem Leichnam geschah, nachdem ihn Pilatus freigegeben hatte, war den Synedristen und den Hohenpriestern sicher vollkommen gleichgültig, wie denn auch die anderen Evangelien garnichts davon wissen, dass jene sich noch um Begräbnis und Grab des schimpflich Hingerichteten irgendwie gekümmert hätten.

War also die Situation die, dass die Juden den Jesusgläubigen sofort mit jener Behauptung begegneten, sobald die Rede auf die Auferstehung kam, so war es die natürlichste Sache von der Welt, dass als Gegenstück dazu eine Erzählung wie die von der Grabeswache aufkam. Will man hier von Geschichtsfälschung sprechen, so mag man es thun — nur dürfte es schwer möglich sein, selbst nur in der Idee sich irgend jemanden zu construieren, auf den man den richtenden Stein ob dieser „Fälschung" werfen könnte.

Offenbar hat es jüdische Kreise gegeben, die sich die Geschichte von der Grabeswache gefallen liessen und auf sie den Gegenzug thaten, die Wächter hätten geschlafen. In Matth. 28 ist es deutlich die Meinung, dass nicht nur der Vorwurf des Leichendiebstahls, sondern auch die Nachlässigkeit der Wache Gegenstand der jüdischen Behauptungen war; also muss auch von jüdischer Seite an die Grabeswache geglaubt worden sein, obwohl sie eine christliche Erfindung war. Verwunderlich ist das nicht, wenn man bedenkt, dass in späterer Zeit, als die Auferstehungsfrage im Mittelpunkt der Erörterung stand, kaum mehr die Kenntnis bestanden hat, dass, historisch betrachtet, unmittelbar nach der Katastrophe Jesu niemand an eine Auferstehung aus dem Grabe gedacht hat.

War man nun auf christlicher Seite von der Realität der Auferstehung überzeugt, so ist es nur begreiflich, dass man den Juden noch eine besondere List unterschob, die sie ersonnen haben sollten, um eine Darstellung zu verbreiten, die den vermeintlich wirklichen Hergang der Auferstehung verdrehen sollte. Natürlich ist dabei die Voraussetzung die, dass die Auferstehung Jesu in der Form erfolgt sei, dass die Gruft gesprengt ward und der Begrabene daraus hervorging — wie es das Petrusevangelium schildert und Matthäus noch als Grundlage seiner Erzählung erkennen lässt. Im Petrusevangelium ist davon garnicht die Rede, dass die Jünger nach der Meinung der Juden den Leichnam gestohlen hätten, sondern die Sorge des Verfassers ist eine andere: Wenn doch die Soldaten (und die Ältesten) Alles gesehen haben — wie kommt es denn, dass nicht ihr Zeugnis alle Welt überzeugt hat? Darauf konnte sich natürlich nur die Antwort ergeben, den Leuten sei verboten worden, überhaupt etwas zu sagen. Leider können wir den Bericht des Hebräerevangeliums des näheren garnicht verwerten, weil wir nur die eine abgerissene Notiz daraus über die Grabeswache besitzen.

Aus alledem folgt als wichtigstes Ergebnis dieses: Die Frage nach dem leeren Grabe hat bereits in frühester Zeit in der Polemik zwischen Juden und Christen eine Rolle gespielt, und auf Seiten der Juden ist man nicht in der Lage gewesen, die Thatsache zu bestreiten, dass das Grab wirklich leer gefunden worden sei.

Man hat sich nicht anders zu helfen gewusst, als durch die Beschuldigung der Jünger, sie hätten die Leiche gestohlen — welchen Streich die Christen durch die Geschichte von der Grabeswache parierten. Daraus erwuchs freilich die Frage: also sind die Wächter Zeugen der Auferstehung gewesen? Wir haben gesehen welche Antworten es darauf im Matthäus- und im Petrusevangelium gab. Ist nun die Ursache davon, dass man das Grab leer gefunden hat, zwischen Juden und Christen überhaupt kontrovers gewesen, so muss sie es geworden sein, sobald überhaupt die Predigt von der Auferstehung öffentlich ans Licht trat; dann aber ist es nicht wohl anders möglich, als dass man sich auf jüdischer Seite irgendwie von der Thatsächlichkeit des durch die Christen Behaupteten zu überzeugen versucht haben wird — und diese vorzunehmenden Versuche müssen für die Juden ein solches Ergebnis gehabt haben, dass ihnen nichts übrig blieb, als die bei Matthäus überlieferte Behauptung auszusprengen.

Man halte nun folgendes zusammen: 1. das Schweigen des Paulus über das leere Grab ist nicht nur nicht befremdlich, sondern natürlich; 2. die beiden sonst einander ausschliessenden Linien der urchristlichen Auferstehungstradition decken sich in der Frage des leeren Grabes in der befriedigendsten Weise, indem sie es positiv bezeugen; 3. die jüdische Behauptung vom Leichendiebstahl der Jünger zeigt unwidersprechlich, dass man auf jener Seite trotz anzunehmender Bemühungen der christlichen Verkündigung vom leeren Grabe nichts Durchschlagenderes entgegenzusetzen wusste, als eine Erklärung, die den Thatbestand selber zugab. Ich glaube, dass diese Grundlage genügt, um auf sie hin die Thatsache des leeren Grabes als „historisch" im wissenschaftlichen Sinne des Wortes anzunehmen und festzuhalten.

Wir gehen nun von der Frage des leeren Grabes zu den Erscheinungen des Auferstandenen über. Wer hat Jesus nach seiner Auferstehung zuerst gesehen?[1] Hierauf antworten die beiden Hauptstämme der Tradition ganz verschiedenes, indes unter sich in ihren verschiedenen Bezeugungen relativ einheitlich. Nach dem petrinischen Typus — repräsentiert durch Paulus, den ursprünglichen Markus (vgl. 16, 7), Luk. 24, 34, das Petrusevangelium und Joh. 21 für sich genommen — heisst es, dass Petrus resp. Petrus und die Zwölf den Herrn zuerst gesehen haben. In anbetracht der ausserordentlich summarischen Kürze der Nachricht wird man auch Matth. 28, 17 hierher zu ziehen haben. Nach der kleinasiatischen Tradition war es dagegen Maria Magdalena, die zuerst den Auferstandenen erblickte — bezeugt bei Johannes, Pseudomarkus und Matth. 28, 9, nur dass hier noch eine andere Maria dabei ist. Lukas, abgesehen von 24, 34, lässt die erste Erscheinung den Jüngern

---

[1] Vgl. die Zusammenstellung bei Harnack, Theol. Studien Bernh. Weiss gewidmet, S. 1 f.

von Emmaus zu teil werden, die Frauen dagegen nur eine Engelerscheinung haben. Endlich hat nach dem Hebräerevangelium Jakobus, der Bruder des Herrn, zuerst Jesus erblickt.

In der vorstehenden Übersicht ist Matth. 28, 9 direkt zur kleinasiatischen Tradition gerechnet worden; es ist hier der Ort, dieses Urteil über das bereits früher zu dem Stück Gesagte hinaus zu begründen. Es wurde schon gezeigt, dass in den Versen 8—10 erstens ein Widerspruch zu den sonstigen Voraussetzungen des Evangeliums in betreff der Situation der hinterbliebenen Anhänger Jesu liegt, und dass zweitens die einfache Wiederholung des vom Engel an die Frauen erteilten Gebotes durch den erscheinenden Jesus selbst im höchsten Grade befremden muss, da es dieser Erscheinung an jedem eigentlichen Inhalte mangelt[1]). Diese beiden Erwägungen führen zu der Annahme, dass in V. 8 eine Korrektur am ursprünglichen Text des Matthäus, in den Versen 9 u. 10 aber ein damit zusammenhängender Einschub vorgenommen ist. Woher aber könnte solches wohl stammen? Offenbar aus demjenigen Überlieferungskreise, in dem man eine Erscheinung Jesu am Ostermorgen vor Maria Magdalena kannte. Allerdings heisst es bei Johannes und Pseudomarkus, Maria Magdalena sei allein am Grabe gewesen, aber bei Matthäus war durch den vorhergehenden Text des Evangeliums die Anknüpfung des Einschubs in der Art gegeben, wie sie erfolgt ist. Dass aber wirklich ein späterer Eingriff vorliegt, sieht man ausser aus dem bereits Gesagten auch noch daraus, dass in 16 ff. garnicht auf eine Mitteilung der Frauen Bezug genommen wird, um die Wanderung der Jünger nach Galiläa zu motivieren, sondern auf etwas ganz Anderes, auf eine angebliche Weisung Jesu. Daraus geht hervor, dass von einem ἔδραμον ἀπαγγεῖλαι τοῖς μαθηταῖς αὐτοῦ, wie es V. 8 jetzt besagt, ursprünglich kaum die Rede gewesen sein wird. Vielleicht ist die Frage nach dem Melden oder

---

[1]) Vgl. Weizsäcker, apost. Zeitalter S. 4, 5.

Nichtmelden der Frauen in der früheren Gestalt des Textes überhaupt offen geblieben. Das πορευομένων δὲ αὐτῶν in V. 11 ist kein Hindernis dafür. Also wie gesagt: es spricht eine Reihe von Beobachtungen dafür, dass in 8—10 eine Änderung resp. Erweiterung des Textes vorliegt; ist eine solche aber geschehen, so ist die Quelle nirgend anders zu suchen, als in der kleinasiatischen Überlieferung, für die wir hier also ein Zeugnis haben.[1])

Dass Lukas von einer Begegnung einer oder mehrerer der Frauen am Grabe mit Jesu nichts weiss, statt dessen aber die erste den Emmauten zu teil werden lässt, ist eine spezielle Abweichung von der kleinasiatischen Tradition, über die sich sonst nichts sagen lässt. Dass endlich im Hebräerevangelium Jakobus der erste ist, während er bei Paulus in der Liste der Zeugen an vierter Stelle steht, ist offenbar eine besonders judaisierende Wendung dieser Schrift, die ihren Namen sicher nicht umsonst hat. Die Überlieferung an sich ist vorzüglich, denn sie wird durch Paulus gedeckt — ihre besondere Ausführung im Hebräerevangelium ist freilich so legendarisch und tendenziös, wie nur möglich.

Wir haben also gesehen, dass im ganzen genommen die Erscheinung zuerst vor Magdalena der johanneischen Tradition angehört, dagegen die zuerst vor Petrus resp. vor Petrus und den Zwölf petrinisch bezeugt ist. Auch die ἕνδεκα μαθηταί des Matthäus auf dem Berge in Galiläa werden im letzten Grunde eine verblasste Form dieser letzteren Überlieferung repräsentieren. Wie ist nun aber die Thatsache selbst zu erklären, dass es zu so durchgreifenden Widersprüchen in der Tradition über die Erscheinungen des Auferstandenen gekommen ist, wie sonst an keinem Punkte der evangelischen Geschichte, und dass sich diese widersprechende Tradition beinahe restlos

---

[1]) In meiner früheren Schrift, auf die ich bereits zu Anfang hingewiesen habe, ist ein Versuch enthalten, den Gründen dieses Eingriffs nachzugehen (S. 54 ff.). Ich weiss auch heute noch keine andere Erklärung zu geben.

zwei einander ausschliessenden, aber in ihren einzelnen Ausprägungen je in sich einheitlichen Typen zuweisen lässt?

Wir betreten mit dieser Frage ein ausserordentlich schwieriges, ja gefährliches Gebiet. Man muss sich auf das sorgsamste in Acht nehmen, nicht irgendwie in die Selbsttäuschung zu verfallen, als besässen wir heute eine annähernd sichere Vorstellung davon, was innerhalb der ersten und auch noch der zweiten Generation nach dem Tode und der Auferstehung Jesu für möglich oder unmöglich, selbst was für wahrscheinlich oder unwahrscheinlich gehalten werden darf. Es ist eine Binsenwahrheit, dass jedes historische Urteil auf Analogieschlüssen, auf der wissenschaftlichen und persönlichen Erfahrung des urteilenden Subjekts an den Objekten der Geschichte und des eigenen Personenlebens beruhe — aber es ist nötig, sich diese Mahnung bei jedem Federzuge, den man an einem der Probleme des apostolischen Zeitalters thut, immer wieder von neuem ins Gedächtnis zurückzurufen. Gerade die relative Sicherheit und der verhältnismässig feste Boden der Methode des Schliessens aus bekannten Grössen auf unbekannte verlässt uns auf diesem Gebiete, denn diese Methode beruht auf dem Recht des Analogieverfahrens. Wenn aber ein Ding wahrscheinlich ist, so ist es dieses, dass ein grosser Teil dessen, was innerhalb der ersten Generation von Christgläubigen vorsichgegangen und erlebt worden ist, von aller Analogie verlassen, unserem irgendwie hergestellten Erfahrungskreise daher minder zugänglich und die Ermittelung, „wie es gewesen ist" (Ranke) das schwierigste Ding von der Welt bleibt. „Geschichte" des apostolischen Zeitalters — und mithin auch das Wenige, das nachfolgend vorgetragen werden soll — ist eigentlich ein quid pro quo, das auf der als stillschweigend zugestanden betrachteten Voraussetzung beruht, es dürfe hier einmal heissen: denominatio fit a parte minus potiori.

Es mag nach dem oben Ausgeführten zunächst einmal folgendes als zugestandener Ausgangspunkt genommen werden: Während des Zeitraums zwischen der Gefangennahme Jesu und dem dritten Tage war der Kreis seiner Anhänger in Jerusalem zerstreut und an ihrem Glauben an Jesus vollkommen irre geworden. An die Möglichkeit einer Auferstehung dachte weder Freund noch Feind. Am Morgen des dritten Tages machen sich einige Frauen auf, um die in der notgedrungenen Eile der vorläufigen Bestattung unterlassene Salbung des Leichnams nachzuholen. Sie finden das Grab geöffnet und leer. Was dabei in ihnen vorging, was sie vielleicht am offenen Grabe wirklich erlebt haben, wissen wir nicht; nach der Anschauung der nächsten Generationen war es ein „Gesicht der Engel". Sie fliehen entsetzt vom Grabe und sagen Niemandem weiter, was ihnen widerfahren ist; sie können es auch nicht, denn sie wissen garnicht, wo sie ihre Freunde suchen sollen. Mit diesem letzten Satze haben wir uns nun schon in der Frage der Differenz der Berichte auf die eine, die petrinische, Seite gestellt. Wir müssen es, wenn anders die Gesetze historischen Erkennens hier gelten sollen. Es ist für uns nach den Regeln methodischen Denkens nicht anders möglich, als die petrinische Version für die ältere, ursprünglichere, historisch treuere zu halten. Sie hat den autoritativsten Ursprung; ihre Bezeugung führt ca. ein halbes Jahrhundert höher hinauf, als die der kleinasiatischen Überlieferung; sie entspricht allen natürlichen Voraussetzungen, die man nach den Evangelien selber machen muss. Sollen diese Erwägungen nicht gelten, so muss vorerst durch einen Machtspruch dekretiert werden, dass hier der Fall einzutreten habe, wo die Gesetze unserer Erkenntnis aufhören.

Mit dieser Entscheidung ist aber zugleich der weitere Schritt gegeben: Also sind die Jünger, ohne Kunde vom leeren Grabe und ohne die Auferstehungsbotschaft erhalten zu haben, in verzweifelter Stimmung nach Galiläa zurückgekehrt. An dieser harten Thatsache nun muss die Umbildung der Überlieferung in die johanneische Gestalt — zum Teil wenigstens — eingesetzt haben. Wie sollte wohl die zweite Generation, wie sollten sich überhaupt alle diejenigen Gläubigen, die ausserhalb des unmittelbaren Zusammenhanges mit den persönlichen Zeugen jener Ereignisse zu Christen geworden waren und weiter lebten, ein solches Bild der Urapostel, der Autoritäten ihres Glaubens, gewinnen und festhalten, wie es jene alte Überlieferung voraussetzt? Es wäre eine sehr schwierig zu vermittelnde Vorstellung, dass jene Epoche in dem Leben der Apostel, die vielleicht nur nach Tagen oder Wochen zählte, da sie eine Schar gebrochener, an Jesu irre gewordener, enttäuschter Menschen waren, die Epoche, der dann in kurzer Frist ein ganzes Leben des festen Glaubens und Arbeitens folgte — dass sie sich dauernd in einer Zeit behauptet haben sollte, die in einem unvergleichlich viel höheren Masse als wir heute des kritischen Bedürfnisses entbehrte und in der es — zumal für ungelehrte Leute — keine öffentlich und allgemein zugänglichen Bücher und Druckschriften gab, einmal Geschehenes zu beliebiger Wiederbringung aufzubewahren und festzuhalten. Man wird nach dem Markusevangelium zwar annehmen dürfen, dass man keineswegs von petrinischer Seite selbst versucht hat, den Charakter der Begebenheiten zu verschleiern, aber man wird es schon bei Paulus durchaus bezweifeln müssen, dass er alles Geschehene, falls er eine erschöpfende Kenntnis davon besass, seinen Gemeinden ausführlich mitteilte. Die Auferstehung Jesu war der Fels, auf den die Predigt der Apostel sich gründete — und die Frauen sollten am Grabe auf die Engelbotschaft hin nichts gehabt haben, als eine entsetzte, zitternde Flucht? Dergleichen konnte sich auf die Dauer in den Gemeinden nicht halten; es musste umsomehr verblassen und der Umkehrung des Sachverhalts Platz machen, je entschiedener die Apostel und ihr Zeitalter in die Sphäre des Vergangenen, Idealen zurücktraten. Schon der 1. Clemensbrief ist ein deutliches Zeugnis für diese Wandlung.

Dazu kommt ein Weiteres. Wir sehen, wie das Matthäusevangelium noch in seinem Schlusse die deutliche Erinnerung zeigt, dass die Jünger nach Galiläa zurückgegangen sind — aber was dort geschehen ist, das ist bereits ganz abgeblasst. Bei Lukas, Johannes und Aristion ist von Galiläa überhaupt nicht mehr die Rede — alles verläuft in Jerusalem. Im

Grunde ist es schwer anders denkbar, als dass es so kommen musste. Zwei Gründe werden zusammengewirkt haben. Erstens fiel jede innere Veranlassung für die Rückkehr nach Galiläa fort, sobald man nichts mehr von dem inneren Zusammenbruch der Jünger nach der Gefangennahme und Hinrichtung wusste. Zweitens hat es aller Wahrscheinlichkeit nach die weit überwiegende Masse derjenigen, denen das Evangelium gepredigt wurde, nie anders gewusst und erfahren, als dass die Zwölfe nach — und also auch seit — der Auferstehung jahrelang ihren Sitz zu Jerusalem gehabt haben. Dass Galiläa nach der Auferstehung Jesu in der evangelischen Geschichte auch noch der Schauplatz bedeutsamer Vorgänge gewesen ist, davon wird weitaus die Mehrzahl der Gemeinden wahrscheinlich nie etwas erfahren haben. Dass man detaillirt von jenen Dingen gesprochen und gepredigt hat, das ist selbst dort nicht anzunehmen, wo man den wirklichen Hergang gekannt haben mag.

Durch diese Erwägungen ist es möglich zu erklären, dass in weiten Kreisen die galiläische Episode in der Existenz der Jünger dem Gedächtnis entschwand, resp. überhaupt nicht oder nur unkonkret und undeutlich zur Kenntnis gelangte. Dann aber war die natürliche Folge die, dass die Erscheinung oder die Erscheinungen des Herrn unmittelbar an den dritten Tag heranrückten und in Jerusalem stattgefunden haben mussten. So wird es begreiflich, ja es erscheint natürlich, dass neben der alten und authentischen Petrusüberlieferung eine zweite Anschauung sich bildete und fixierte, die nichts von Galiläa wusste und die ganze Auferstehungsgeschichte in Jerusalem verlaufen liess.

Hiermit ist aber nur für den einen Teil des Problems ein Lösungsversuch gegeben. Der andere besteht darin: Wie ist der ganz eigentümliche Charakter der kleinasiatischen Tradition zu erklären, die Jesus, abgesehen von der Verlegung des Schauplatzes der Geschichten nach Jerusalem, einerseits jenem angeblichen starken Misstrauen der Jünger gegenüberstehen und ihn andererseits so prononcierte Proben seiner Leibhaftigkeit ablegen lässt? Wenn es nahe lag, anzunehmen, dass die Rücksicht auf das Idealbild der Apostel mit dazu beigetragen hat, dass die Rückkehr in Verzweiflung nach Galiläa fortblieb — durchkreuzt dann nicht dieser Zug, dass dieselben Apostel dem Auferstandenen so schwer geglaubt haben sollen, jenes Argument in bedenklicher Weise? Eine Schwierigkeit liegt hier allerdings vor, aber sie lässt sich auflösen, wie sich zeigen wird.

Wenn wir den Charakter, den die Christuserscheinungen in der kleinasiatischen Tradition an sich tragen, verfolgen und sehen, wie es sich dabei um die grösstmögliche Betonung der Materialität des Auferstandenen handelt: Umfassen der Füsse, Berühren der Wunden, Essen mit den Jüngern — so fragen wir uns: Ist wenigstens in solchen Zügen die grössere Geschichtlichkeit auf Seiten des jüngeren Überlieferungstypus? Ist dieses in der That die Art und Weise, in der die Jünger inne wurden, dass Jesus auferweckt worden sei? Wir haben keinen Bericht mehr darüber, wie nach der petrinischen Tradition die ersten entscheidenden Erscheinungen vor Petrus und den Zwölfen im einzelnen verlaufen sind. Vielleicht hat sich in Joh. 21 und Lukas 5 eine Spur davon erhalten, dass sich die Jünger nicht von vornherein darüber klar gewesen sind, wer bei ihnen war, und dass der Moment des Erkennens ein blitzartiger, überwältigender war. In der Emmausgeschichte und in der Erzählung, wie Maria Magdalena den Auferstandenen für den Gärtner hielt, haben wir ähnliches, aber es gehört beide Male gerade der nichtpetrinischen Überlieferung an. Jedenfalls ist hier zu keiner haltbaren Vorstellung zu gelangen. Ἐκεῖ με ὄψονται — das ist alles, was wir auf der petrinischen Seite erfahren. „Sie werden mich sehen!" Daraus kann man keine Schlüsse ziehen, auch wenn das Wort nicht gerade darnach klingt, als ob Jesus mit den Jüngern dann essen und trinken würde. Der einzige Fall, in dem es überhaupt möglich ist, sich eine wenn auch nur hypothetische Meinung von der Art der Erscheinung zu bilden, liegt bei

Paulus vor. Hier wogt ein Streit der Meinungen darüber, ob es zulässig resp. geboten ist — vorausgesetzt dass man zu einer haltbaren Auffassung von dem, was Paulus erlebt hat, kommen kann — sich die Erscheinungen Jesu, die vorher anderen zu Teil geworden sind, nach Analogie der paulinischen vorzustellen. Hier ist ein solcher Moment gekommen, wo es menschlicher Voraussicht nach bei einem ignorabimus bleiben wird. Was Paulus erlebt hat, das werden wir aus dem Grunde schwerlich je ergründen dürfen, weil uns die Analogien fehlen, um mutmassen zu können, was Paulus erlebt haben könnte. Es wird das wahrscheinlichste sein, dass ein solches Erlebnis, wie Paulus es gehabt hat, von uns weder selbst wiedererlebt noch mittels des Schlussverfahrens von sonst irgendwie bekannten Grössen auf andere, unbekannte, hypothetisch zutreffend konstruiert werden kann. Was Paulus gesehen und gehört hat, wird uns ein Rätsel bleiben, weil wir wahrscheinlich nie ähnliches werden sehen und hören können. Ich bin nicht in der Lage, zu dem, was H. Holtzmann[1]) über die paulinische Christophanie gesagt hat, auch nur ein Wort dazu oder davon zu thun — es ist meinem Empfinden nach das letzte Wort, das von dem Standpunkt aus, sich mit unserem wissenschaftlichen Denken eines solchen Problems zu bemächtigen, überhaupt gesagt werden kann — und um die Pflicht, nach solch einem letzten Wort zu suchen, kommen wir trotz allem nicht herum. Ich kann es persönlich in Erwägung aller Umstände auch nicht mit meinem wissenschaftlichen Gewissen vereinigen, für die Erscheinungen vor Petrus und den Zwölf, wie für die anderen, welche Paulus noch aufzählt, eine andere reale Grundlage anzunehmen, als für das Erlebnis des Paulus; denn dieser nimmt auf Grund desselben genau das Gleiche in Anspruch, wie das, was den Aposteln kraft dessen, was sie erlebt haben, geworden ist. Ist es etwas Reales, was alle jene Zeugen erlebt haben? So fragen, heisst nichts anderes,

---

[1]) Neutestamentl. Theologie Bd. II, S 56 ff.

als fragen, ob es etwas Reales ist, was der Christ in dem erlebt, was ihn zum Christen macht. Davon aber kann natürlich keine Rede sein, dass eine Darstellung wie die des Johannes oder Lukas, die Vorstellung der Realität der Auferstehung im Sinne von Essen und Trinken, sich mit dem so aufgefassten Erlebnis der Jünger auch nur annähernd vertrüge. Nichts aber ist natürlicher, als dass die Folgezeit nach einer solchen und nur nach einer solchen Realität des Auferstandenen verlangte. Nur eine solche Anschauung von der Auferstehung Jesu konnte für die grosse Masse der Gläubigen durchschlagen; nur mit einer solchen konnte man die Zweifel an der Wirklichkeit dieser Grundlage der christlichen Verkündigung wirkungsvoll zurückschlagen. „Gegessen und getrunken haben wir mit ihm nach seiner Auferstehung von den Toten" (Act. 10, 41) — das wollte man hören, wenn von einer Auferstehung geredet ward, und so musste in der populären Vorstellung auch notwendig die Apostelpredigt selber gelautet haben. Hier liegt die Erklärung dafür, dass die jüngere Tradition nicht nur den Ort der Erscheinungen verlegt und alle Voraussetzungen verändert, sondern dass auch die Sache selbst einen so andersartigen Charakter angenommen hat. Ein ähnliches, allerdings nicht nur teilweise sondern rein apologetisches Interesse ist es gewesen, das den Schematismus des Zweifelns und Überzeugtwerdens durch immer kräftigere Argumente in das Verhalten der Jünger zu dem auferstandenen Herrn in die jüngere Überlieferung hineingebracht hat. Allerdings dient ein solcher Zug, wie oben bemerkt, nicht dazu, die Jünger zu heben, ja im Grunde wurde ihnen auf diese Weise mit der einen Hand wieder genommen, was man ihnen mit der anderen — durch Fortfall der galiläischen Episode — gegeben hatte, aber man hat sich natürlich überhaupt kein bewusstes Arbeiten, Redigieren und Korrigieren an der Überlieferung vorzustellen. Hätte irgend eine bestimmte Persönlichkeit die totale Umbiegung der Tradition vom petrinischen zum Presbytertypus vollzogen, so wäre natürlich solch ein widerspruchsvolles Verfahren nicht gut vorstellbar; es handelt sich aber eben nicht um so etwas, sondern um ganz unpersönliche, räumlich und zeitlich getrennte, nach und nach zu bestimmten Typen zusammenfliessende Entwicklungen. Das fertige Produkt ist dann da, und doch lässt sich eine verantwortliche Persönlichkeit oder eine Gruppe von solchen weder irgendwo greifen noch denken. Wir haben gesehen, welch eine Gestalt das christliche Bestreben, den Verdächtigungen derer entgegenzutreten, welche die Auferstehung Jesu leugneten, in den Erzählungen von der Grabeswache gewonnen hatte. Die Materialisierung der Erscheinungen ist teilweise, das angeblich widerstrebende Überzeugtwerden der Jünger von der Auferstehung ist ganz und gar eine Parallelbildung zu der Grabeswache. Die Darstellungen der letzteren Kategorie wollen besagen: Weit entfernt, dass die Jünger sich leichtgläubiger Weise Täuschungen und Phantasien hingegeben haben, hat Jesus sie vielmehr durch die alleruntrüglichsten Beweise von der Wirklichkeit seiner Auferstehung überzeugen müssen. Es liegt also nicht der geringste Grund vor, dem Zeugnis der Apostel zu misstrauen. Nach diesem Schema sind in deutlicher Weise das Aristionstück und der Lukasbericht gearbeitet; auf das schlagendste aber bestätigt jener koptische Auferstehungsbericht das Vorhandensein dieser Tendenz. Dort ist von Geschichtlichkeit keine Spur mehr, aber[1]) dort ist durch ein ganz skrupelloses Verfahren nach der gekennzeichneten Richtung hin ein Auferstehungsbericht zustande gebracht, wie er eindrucksvoller und überzeugender nicht leicht herzustellen war. Es ist offenbar der jüngste unter allen behandelnden Berichten[2]) — darum trägt er die stärksten Farben auf. Von ihm rückwärts schliessend gelangen wir zu einer hinreichend deutlichen Bestätigung dessen, was wir bereits an der ganzen kleinasiatischen Tradition bemerkt haben: der apologetischen Tendenz. Ebenfalls als ein Ausläufer derselben wird es zu betrachten sein, dass überwiegend bereits der Maria Magdalena resp. den Frauen,

---

[1]) Von Harnack ausführlich betont.
[2]) Mit Ausnahme der acta Pilati.

statt der blossen Engelerscheinung, zugeschrieben wird, dass sie Christus selbst erblickt haben und dass er mit ihnen gesprochen hat.

Ich bin hiermit am Ende dessen, was ich in dieser Arbeit zu sagen habe. Es bleibt noch ein grosses Problem übrig, das in engem Zusammenhange mit den behandelten Fragen steht und das doch garnicht berührt worden ist: der Ursprung des Johannesevangeliums. Damit zusammenhängend handelt es sich um die ganze auf Kleinasien zurückgehende Tradition über Jesus und das apostolische Zeitalter; endlich auch um die Bildung des Vier-Evangelienkanons. Nur ein Kleines der hierhergehörigen Fragen ist in der Erörterung über das Schicksal des Markusschlusses berührt worden, soweit es nicht gut zu umgehen war. Das ganze Bild der Entwicklung, das ich zu geben versucht habe, setzt voraus, dass das vierte Evangelium zum mindesten in der Auferstehungsgeschichte nichts mit Johannes oder überhaupt mit einem Autor zu thun hat, der auch nur eine Ahnung davon besass, wie die Dinge wirklich gewesen waren. Wie ist also das Johannesevangelium samt seinen Auferstehungsgeschichten, insbesondere seinem Anhange, entstanden? Was hat es mit der Autorität der Presbyter, mit dem Doppelgänger des Johannes, mit Aristion und der Gestaltung der legendären Tradition über die Auferstehung gerade in Kleinasien auf sich? Diese Dinge einstweilen als offene Fragen zu behandeln, wird bei dem jetzigen Stande des johanneischen und der verwandten Probleme erlaubt sein.

Noch ein kurzes Wort zum Schluss. Der Leser wird finden, dass dieser Arbeit insofern etwas Unbefriedigendes anhafte, als ihr das biblisch-theologische Moment gänzlich fehlt. Was ist es denn nun eigentlich jenseits aller „Berichte", „Überlieferungen" und „Traditionstypen" mit der Auferstehung selbst? Ich habe absichtlich für dieses Mal von einer thetischen Erörterung hierüber abgesehen — indess hat es für mich bei dem Worte sein Bewenden: $Εἰ\ δὲ\ Χριστὸς\ οὐκ\ ἐγήγερται\ —\ κενὴ\ καὶ\ ἡ\ πίστις\ ὑμῶν\ —\ ἔτι\ ἐστε\ ἐν\ ταῖς\ ἁμαρτίαις\ ὑμῶν.$

www.ingramcontent.com/pod-product-compliance
Lightning Source LLC
Chambersburg PA
CBHW021947160426
43195CB00011B/1258